はじめてリーダーになったら必ず読む本

Yuji Kurokawa 黒川勇二

はじめに

この本は、少人数の会社のチームリーダーがチームづくりをするためのコツやヒントをまとめたものです。

私が30年以上にわたり、中小企業の人事制度にかかわった経験から、多くの少人数の会社に「ほんとうに必要なことは何か」の視点で、働く人と経営者に役に立つノウハウを記しています。

この本でのチームリーダーとは、班長や主任・係長、リーダーやチーフなどと呼ばれる、管理職手前の現場のまとめ役クラスをいいます。このクラスの人たちは業務のベテランでもありますが、同時に小さなマネジャーであり、このさき会社を支えることになるであろう管理職候補です。

このクラスの人たちが伸びれば足元の課題の多くが解決し、将来の展望も開けます。

けれども、それにもかかわらず、指導教育にあまり力がそそがれていない会社が多いのが実状のように思います。新入社員と管理職教育はしても、このクラスへの教育はおろそかです。

それには理由があります。このクラスの人たちは、その多くが会社のなかでもっとも忙しい人たちなのです。このクラスの人たちが現場から離れるとたんに仕事がまわらなくなってしまいます。

このクラスの人たちを育成すればいいとわかっているにもかかわらず、その実現はとても難しいこと、というジレンマが多くの少人数の会社の現実になっています。

そこでこの本では、第1章でチームリーダーやチームリーダー候補が持っておくべき視点を、第2章ですぐに身につけられる、チームをまとめるために必要なコツとスキルを紹介しています。「これだけなら、できそう」と思える内容ですので、ここだけ読めばすぐに役立ち、自信もつきます。また、経営者にとっては、「これだけ教えればいい」わけですから、「何とかなりそう」「わが社でもちょっとやってみるか」と思っていただけるはずです。

第3章と第4章では、人事制度をチームリーダーのためのマネジメント・ツールとして捉え、その活用方法を記しています。

最後の第5章では、近年の雇用の実状を踏まえた、人のまとめ方のヒントを載せています。


これから、わが国の人事制度は大きく変わっていきます。その煽りで、とりわけ少人数の会社は「人材」の採用と定着にますます頭を痛めることになりそうです。

そのなかで、チームリーダークラスの役割はより重要となり、チームリーダークラスの育成に気づいて実践した会社が優位にたてることは間違いないと言えるでしょう。

この本の内容がひとつでも、少人数の会社の働く人と経営に携わる方の参考になれば幸いです。

人事コンサルタント　黒川勇二

第1章 リーダーとしての自覚とチームをつくるコツ

第2章 人と仕事が円滑に動く「コミュニケーション」

第3章 チームの士気が高まる「目標管理」

第4章

人を上手にやる気にさせる「人事考課」

第5章

さらにチームをまとめるリーダーの心得

第1章

リーダーとしての自覚とチームをつくるコツ

01 小さな会社のチームリーダーは忙しい

小さな会社とは少人数の会社です。そのような会社のチームリーダーとは、**数人のチームのまとめ役**を指します。

いわゆるリーダー、班長、主任、チーフ、係長などの肩書の人が当てはまる場合が多いでしょう。

そのようなチームリーダーは実務をしながら、チームをまとめる役割をこなさないとならない、たいへん忙しい人たちです。実際、この人たちがいないと「現場がまわらない」という職場も多いと思います。

多くの会社のチームリーダーに求められる最大の役割は、「**守備範囲の日々の業務を滞りなくまわす**」というものです。

一日の計画は、極力予定通り終えなければなりません。

そのためには、メンバーに指示をし、自らも業務をメンバー以上にこなします。

会社の業績は、日々の仕事が予定通り完了することによって、その算段が立つわけです。

たいていの場合、日々の業務はルーチン化しているはずです。ルーチン化することで、慣れれば誰でもこなせるようになり、ミスがなくなり、スピードが上がっていきます。

チームリーダーは、この〝仕事のルーチン化〟をさらに進める役を担います。とはいうものの、それでも仕事にはイレギュラーがつきものです。その日の仕事を予定通り終えるために、**日常的なイレギュラーやトラブルに対応するのもリーダーの大切な役目**です。

会社は有能なチームリーダーおよびチームリーダー候補を求めています。

会社は「役割分担」で成り立っている

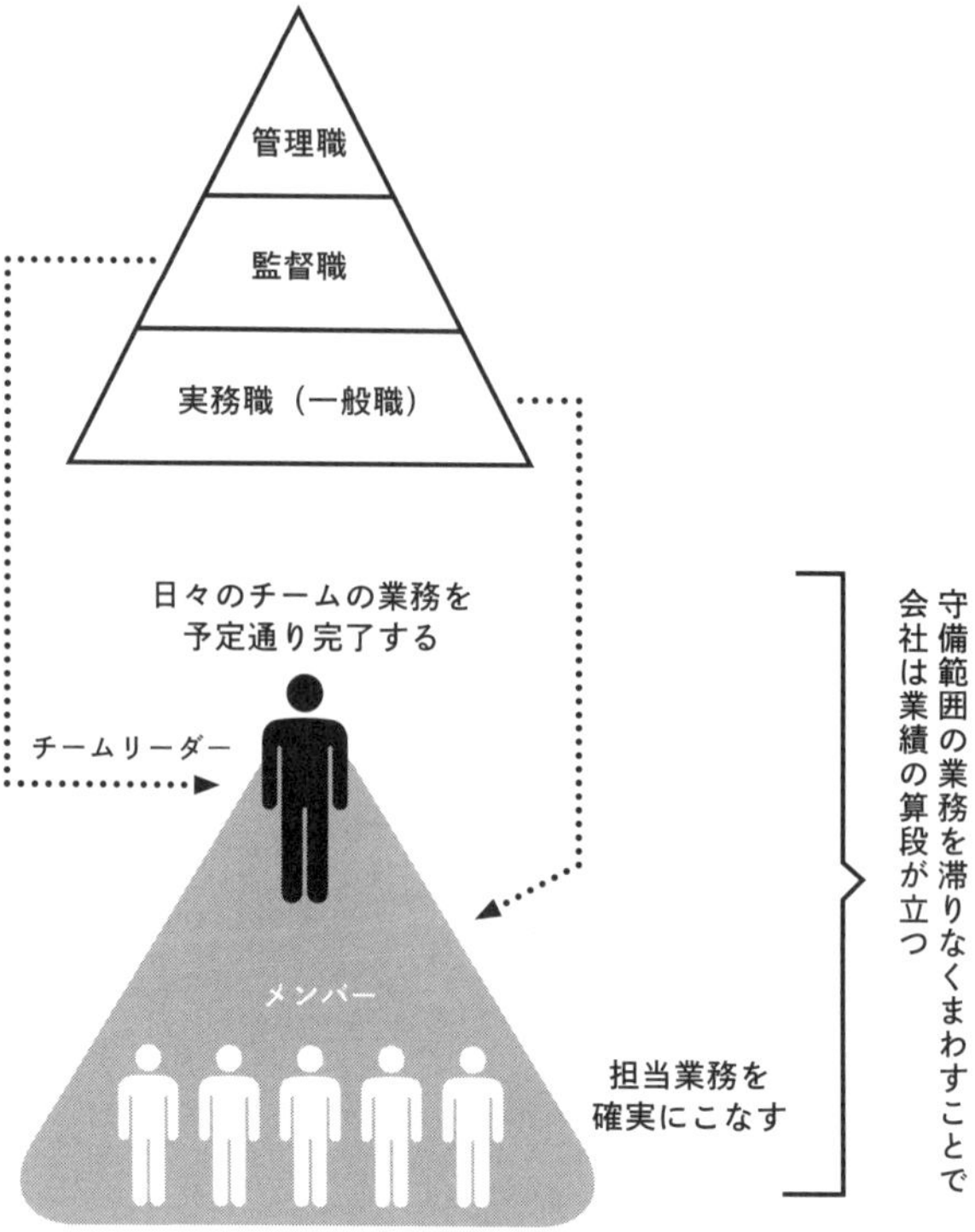
管理職
監督職
実務職（一般職）
日々のチームの業務を
予定通り完了する
チームリーダー
メンバー
担当業務を
確実にこなす
守備範囲の業務を滞りなくまわすことで
会社は業績の算段が立つ

02 「リーダーをやってみないか」と言われたら

会社は有能なチームリーダーおよびチームリーダー候補を求めています。

一方で、すべての社員がチームリーダーになりたいと思っているわけではありません。むしろチームリーダーをやりたい人は少数派でしょう。

けれどもほとんどの人が「仕事をもっとできるようになりたい」と考えているはず。つまり、「仕事は極めたいが、人をつかうのは苦手または好まない」と思っている人が多数派ということになります。

したがって、**チームリーダーおよびチームリーダー候補は会社にとって貴重な存在です。**

しかし、だからといって、人に指図だけして仕事を進めるような立場ではありません。**自らも業務に携わり、仕事を極めないとなりません。**また、ある程度仕事に精通していないとメンバーはリーダーとして認めてくれず、ついてきてくれません。

多くの会社は「仕事ができる人」のなかから、**「チームをまとめられそうな人」**をチームリーダーに選びます。

本人が好むと好まないとにかかわらず、まず「リーダーをやってみないか」「君しかいない」と声をかけたり、とりあえず「リーダー」の肩書を与えたりします。

「人をつかうのは苦手」「向いていない」「好まない」「業務に専念したい」と、考えている人も多いでしょう。その際に断るのもひとつですが、一度やってみるのもひとつかと思います。

やってみないと見えないことも多いもの。やってみて、「やっぱり向いていない」と思ったら、そのときにリーダーの職を降りればいいのです。

すすんでリーダーになろうと考える人は少ないが

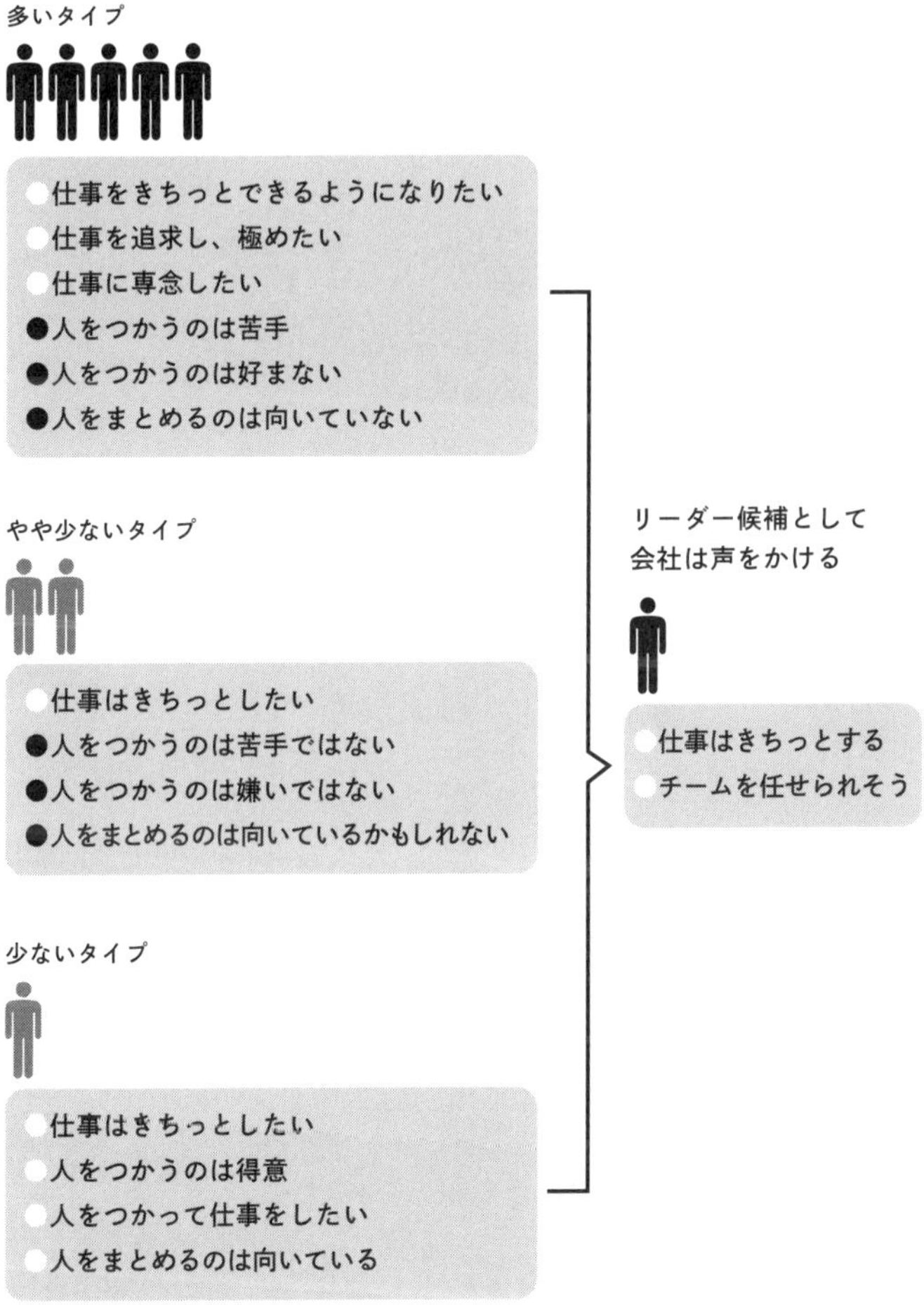
多いタイプ
仕事をきちっとできるようになりたい
仕事を追求し、極めたい
仕事に専念したい
人をつかうのは苦手
人をつかうのは好まない
人をまとめるのは向いていない
やや少ないタイプ
仕事はきちっとしたい
人をつかうのは苦手ではない
人をつかうのは嫌いではない
人をまとめるのは向いているかもしれない
少ないタイプ
仕事はきちっとしたい
人をつかうのは得意
人をつかって仕事をしたい
人をまとめるのは向いている
リーダー候補として
会社は声をかける
仕事はきちっとする
チームを任せられそう

03

チームリーダーに求められる必須条件

会社が社員に求める**最低限のラインは「仕事をきっちりこなすこと」**です。**次のラインが「仕事をレベルアップする意欲がある」**で、**「人を動かし、まとめる」のはその次**です。

つまりチームリーダーに求められる必須要件は、この3つと言えます。

具体的には、次のようになります。

ただし、すべてに「おおむね」を付けます。

① 規律正しい
② 仕事をやり遂げる責任感がある
③ まわりに気を配って仕事をしている

④何を求められているか、理解して仕事をしている
⑤気分にムラがない
⑥人を選り好みしない
⑦段取りができる
⑧人に伝えるべきことをきちんと伝えることができる

これらに×が付かず、△以上ならあなたもチームリーダーになれます。
あとはこの本に書かれている「コツ」を少しずつ身につけるだけです。

リーダーの要件

次の項目に×が付かず、○か△ならOK

会社で働く姿勢

- おおむね規律正しい
- 任されたことは最後までやる気持ちがある
- 困っていたら協力する
- 決まったことはすすんで取り組む
- 気分にムラがない

仕事の取り組み方

- 仕事をきちっとこなす
- 何を求められているか、おおむね理解している
- まわりをよく見て仕事をしている
- 段取りができる
- 伝えるべきことを伝えている
- 人を選り好みしない
- 仕事をよりよくしようとしている

04 チームを任されたらどうするか

それまでは自分の仕事だけに専念しておけばよかったことが、チームを任されたら、チームとしての仕事、つまり**チームに課せられた役割を果たすことが求められます。**

これはよく勘違いしがちですが、〝自分の仕事〟と〝チームの役割〟は別々にあるのではなく、**チームの役割を果たすことが自分の仕事になる**のです。

そこを捉え違えると、ずっと上司から求められていることが理解できず、評価が上がらず、頑張っているのに認められないことになります。

たとえば営業で〝自分の仕事＋チームの役割〟で考えていたら、自分の売上目標は達成しているのに、チームの目標が未達なのをメンバーのせいにするリーダーになるようなものです。

ですから、あなたもチームを任されたら、頭を切り替えなくてはなりません。

つまり、チームを任されたら、まずすべきことは、**「チームに求められていることとは何か」を知ること**です。

このときに、「だいたいこんなことだろう」で済ませてはいけません。正確に知ることが大切です。

したがって、上司や会社からチームの役割を示されない場合は、自分で考えてチームの役割を箇条書きにして、「チームに求められていることはこういうことでしょうか」と、上司に確認をすることです。

そして**確認がとれたら、自分とメンバーとで、どうすれば「チームに求められていること」を成し遂げられるかを考えること**です。

それができたら、チームリーダーの役割の半分は終わったようなものです。

チームの役割とリーダーの業務

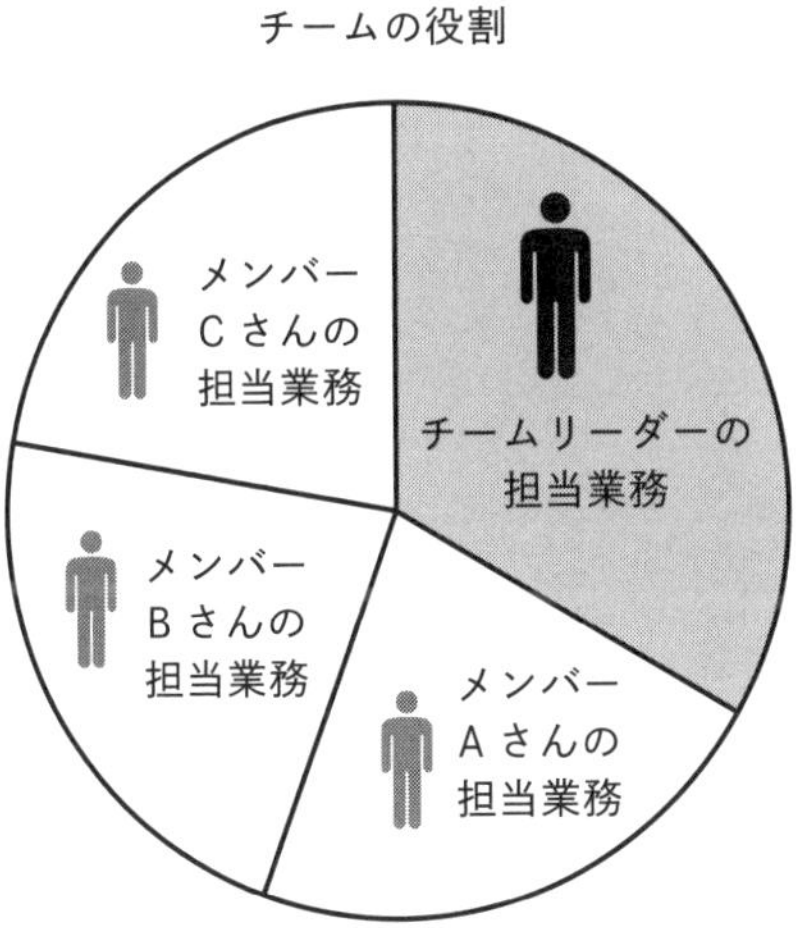

これらすべてを果たすことで、チームの役割が成し遂げられ、リーダーの役割を果たしたことになる

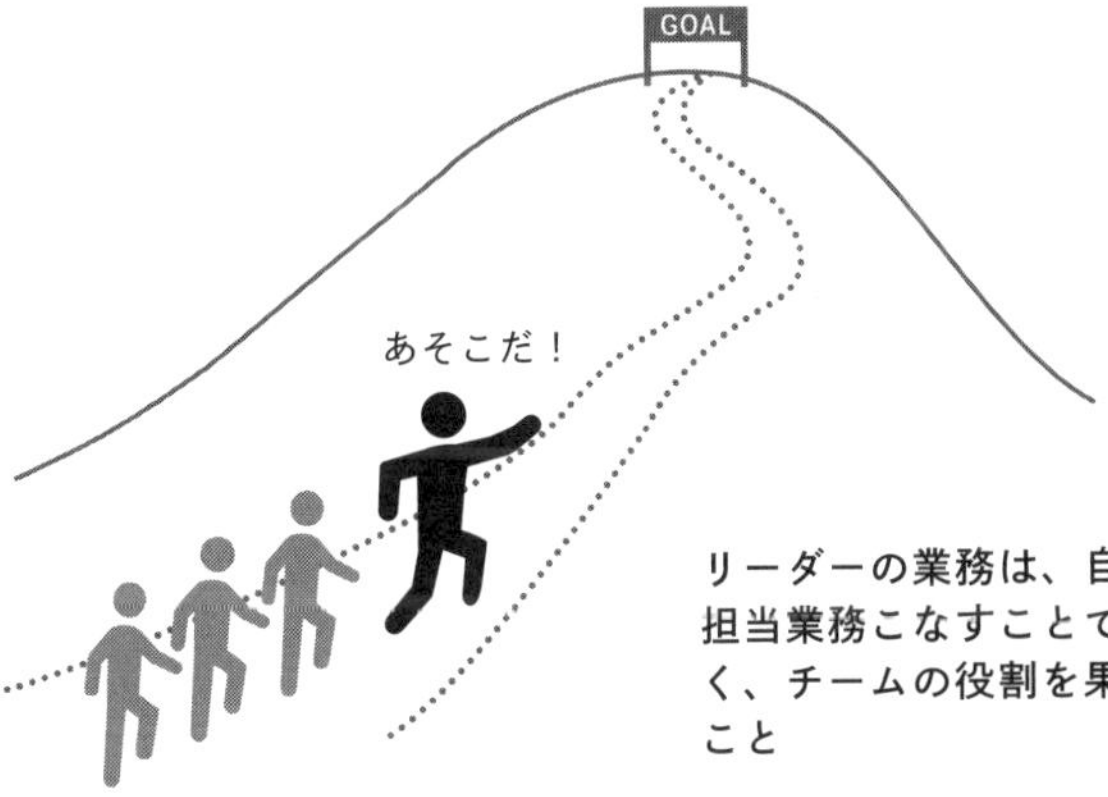

リーダーの業務は、自分の担当業務こなすことではなく、チームの役割を果たすこと

05

「自分のチームをつくる」という発想

チームリーダーになったら、チームに求められる役割をどうすれば果たすことができるかを考えないとなりません。

チームのメンバーは1人かもしれませんし、10人かもしれませんが、自身とメンバーが「チームの役割を果たす」ことを目指すことになります。

そのためには、**メンバーがチームリーダーと同じ方向を向き、各人の役割をきっちりと果たしてくれることが理想**となります。

けれども、現実には理想のメンバーがそろうとはかぎりません。むしろ、そうでないことの方が圧倒的に多いことでしょう。

メンバーがチームリーダーを選べないように、チームリーダーもまたメンバーを選ぶことは原則できません。したがって、チームリーダーを任されたら、**メンバーの1人ひとりを自分のチームの一員として育てていくしかない**のです。

チームにはいろいろな人がいる

はじめから思うようなメンバーは
そろっていないのがふつう
マイペース
何かと怒ってばかり
知らねえよ
自分のチームをつくる発想が必要

メンバーはあてがわれますが、そのままではまだチームにはなっていないわけです。

チームリーダーは自分のチームをこれからつくっていかないとなりません。**まずは「自分のチームをつくる」という発想が必要**です。

もしかしたら、「まったく役に立たない連中ばかりで、どうしようもないな」とつい愚痴をこぼしたくなることもあるかもしれません。

しかし考えようによっては、自分のチームの一員に仕立て上げるのには好都合のメンバーと言えないでしょうか。

06 これだけできれば立派なマネジャー

チームリーダーはメンバーを動かし、チームの役割を遂行する、いわばメンバーのマネジャーです。

一般にいわれるマネジャーと少し違うのは、自身も実務をおこなうプレイングマネジャーであり、しかも「プレイング」の部分がかなり大きいところです。

あなたがチームリーダーに抜擢されたのは、実務がよくできるうえに「人をまとめる力」がありそうだったからかもしれませんし、任せられそうな人があなたしか他にいなかったからかもしれません。

いずれにしても、あなたが引き受けるかどうか迷っているなら、ダメモトでやってみることをおすすめします。

マネジャーという仕事をできる機会はそれほどないのと、**それほど難しいもので**

はないからです。

チームリーダーに必要な資質やスキルは次の4つです。

①仕事に真摯である
②チームがすべきことを自分事と思える
③人とやり取りをしながら、仕事を進めることができる
④間違いをしたときは謝って、気持ちを切り替えることができる

これだけですから、難しくはありません。
あとは、ひたすら経験を積むだけです。

意外と難しくないリーダーの仕事

チームリーダーにとって
「人をまとめる力」はこれだけあればよい

お手上げ
仕事に
いい加減でないこと
チームの勝利より
俺のパフォーマンス！
チームが目指すもの
＝自分の仕事と思える
一人で
走りまわっている
人とやりとりしながら
仕事を進めることができる
間違いをしたら
すぐに謝れる

いわば「働き方の手本を見せるだけ」と言える

07 マネジメントを定義する

一般的にマネジメントは「人を管理する」というイメージがありますが、次のように考えるともう少しとっつきやすくなるかと思います。

繰り返しますが、チームリーダーはチームに求められる役割を果たすのが一番の役割です。そのチームの役割を人と仕事をやり繰りして達成するのがマネジメントです。

つまり、**マネジメントとは「人と仕事のやり繰り」のこと**です。そして「やり繰り」とは「押したり引いたり」すること、**「これがだめならこっちでやってみよう」とすること**です。

ということは「人と仕事のやり繰り」をするためには、引き出しをたくさん持っている方が有利になります。

たとえば、うまくいかなかったときやトラブルが起きたときに、引き出しがたくさんあれば、いろいろな対処法からよりベターな方法を選ぶことができ、問題を解消する確率が高まります。

引き出しをたくさん持つには、ひとつのやり方に固執しない柔軟性を持つこと、今より少し視野を広げて注意深く見ること、それに経験を積むことです。

したがってチームリーダーになれば、おのずと自身の仕事のレベルは一段上がることになるでしょう。

「マネジメント」は人と仕事のやり繰り

新しいミッションだ。
○月△日までに凸凹山の頂上のお宮に
きびだんごを届けるよう
何をするにもお金がない…
使わないものをネットで売って
資金にしよう
マンガ全巻が
思いのほか高値で売れた
不便なところだから
クルマを借りよう
節約のため軽トラでいいや。
途中でメンバーを集めよう
思うような人材はそろいそうにない
一から教えるしかないな。
ミッション完了！

08 思い通りにならないメンバーがいたら

チームのメンバーには、1人にしろ10人にしろ、その人数にかかわらず、自分と合わない相性が悪い人、言うことを聞かない人、何かと反論する人、他のメンバーと歩調を合わさない人、すぐにトラブルを起こしがちな人などがいて、理想とはほど遠い、問題が多いのがふつうです。

だからといって、メンバーを替えることは一般にはできません。

よほどの場合は、上司や人事・総務に相談し、異動を検討してもらうことも必要でしょうが、大方の場合、はじめは思い通りにならないメンバーでスタートすることになります。

チームリーダーはチームに課せられた役割を果たすことが一番の仕事ですから、そのために**不ぞろいのメンバーをマネジメント、つまりやり繰りしないとなりません。**ここは腹をくって、まずは現在のメンバーという手持ちのカードで最大限のパフォーマンスを上げることを考えます。

問題と思っているメンバーの半分くらいは、双方に誤解していることに原因があることが多いように思います。

これは**コミュニケーション不足によるもの**です。

チームリーダーは待っていてはいけません。

自分からメンバーに積極的に声をかける必要があります。

声をかけるといっても、チームリーダーが一方的に話したり伝えたりするのではありません。相手の話を聞いたり、相手に合わせてやり繰りしたりすることが大切です。

相手に合わせたコミュニケーションが大切

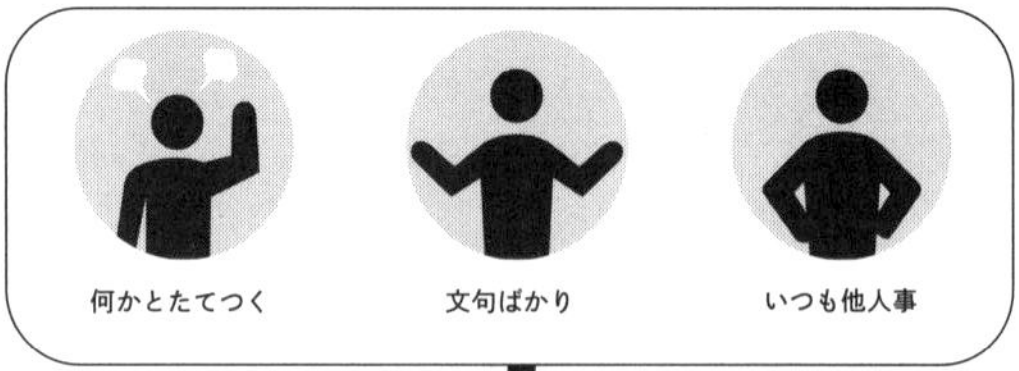

すすんでコミュニケーションをとる
個別に話をする時間をつくる

- 相手の話をとことん聞く
- 身をのり出して聞く
- 相手の得意なことを聞き出す
- 不満を聞き出す

09 最初の仕事は「メンバーへの期待」

チームリーダーの最初の仕事は、仕事の采配、つまり「**誰に何をしてもらうか**」です。けれども、新規のプロジェクトでもないかぎり、たいていの場合は、それぞれにすでに自分の担当業務を持っているでしょう。

したがって、それを見ながらチームの役割を果たすために、**現在のメンバーで一番のやり方を考え、再配分すること**になります。

そのときに必要なことは、メンバーそれぞれに「**期待することは何か」を伝えること**です。その『期待すること』を果たして、はじめて仕事をしたと言える」のだと伝えなければなりません。

意外なことに、**担当業務はわかっているが、何を期待されているかを知らない人が多い**のです。

たとえば、営業業務で受注がメインの人なら、次のようなことは理解しているでしょう。

①正確な受注入力
②確実でスピーディな納期回答
③顧客の要望等の営業担当へのタイムリーな連絡

けれども、これらにプラスして、次の点を期待するという会社も多いのではないでしょうか。

④顧客に信頼される応対をすること
⑤業績にプラスになるアクションをとること

このように、メンバーにほんとうに求めていることが何かをよく考え、最初に伝えることが肝心です。

メンバーの仕事と求めていることを伝える

「あなたの仕事は営業業務です。」

「あなたに求めているのは、次のことです。」

- 正確な受注入力
- スピーディな納期回答
- お客様の要望の正確な把握
- 営業へのタイムリーな連絡
- お客様に信頼される応対
- 少しでも業績アップにつながる行動力

10 チームづくりのかなめは「風通しのよさ」

チームリーダーの最初の仕事は「采配」ですが、チームづくりも並行して進めていきます。**「メンバーがそろいさえすればチームはでき上がり」ではありません。**チームリーダーが中心となって、チームに課せられた役割を果たすためには、まずはチームづくりをしないといけません。

チームづくりは何よりも「風通し」です。

「風通しがよい」とは、**コミュニケーションが十分にとられている状態**を言います。

逆に言えば、「風通し」さえよければ、チームで起こるたいていの問題は解決し、チームが持つポテンシャルを高いレベルで発揮できると言えるでしょう。

本書では、いろいろなコミュニケーション・ツールとその使い方を紹介しています。「仕事の指示」「ミーティング」「面談」、それに朝礼や終礼なども大いに活用すべきツールです。

けれども、仕事に必要なそれらのツールとは別に、ふだんからの会話も大切です。仕事中の過度な雑談にプラスの面は何もありませんが、適度な会話はチームの過度な緊張を解き、集中力を高めてくれます。

ふだんの会話がコントロールできれば、チームづくりは半分終わったも同然と言えるでしょう。そのためには、チームリーダーからの「挨拶」と適当な頻度で「声かけ」をするだけです。

「風通し」はチームづくりの土台

この本では次のことを下から学んでいきます

風通し＝ふだんからの会話＝挨拶・声かけ

11 チームをうまくまとめるツール

チームリーダーはチームの大きさにかかわらず、**チームをまとめるためのツール（道具）が用意されている**と考えましょう。したがって、チームリーダーを任されたら、どんなツールがあるのか、ツールの点検をすることです。

本書で取り上げるツールは以下のことです。

①指示・采配
②朝礼・終礼・ミーティング・会議
③随時面談・定期面談
④指導育成
⑤目標管理・人事考課

チームをまとめる「ツール」の確認

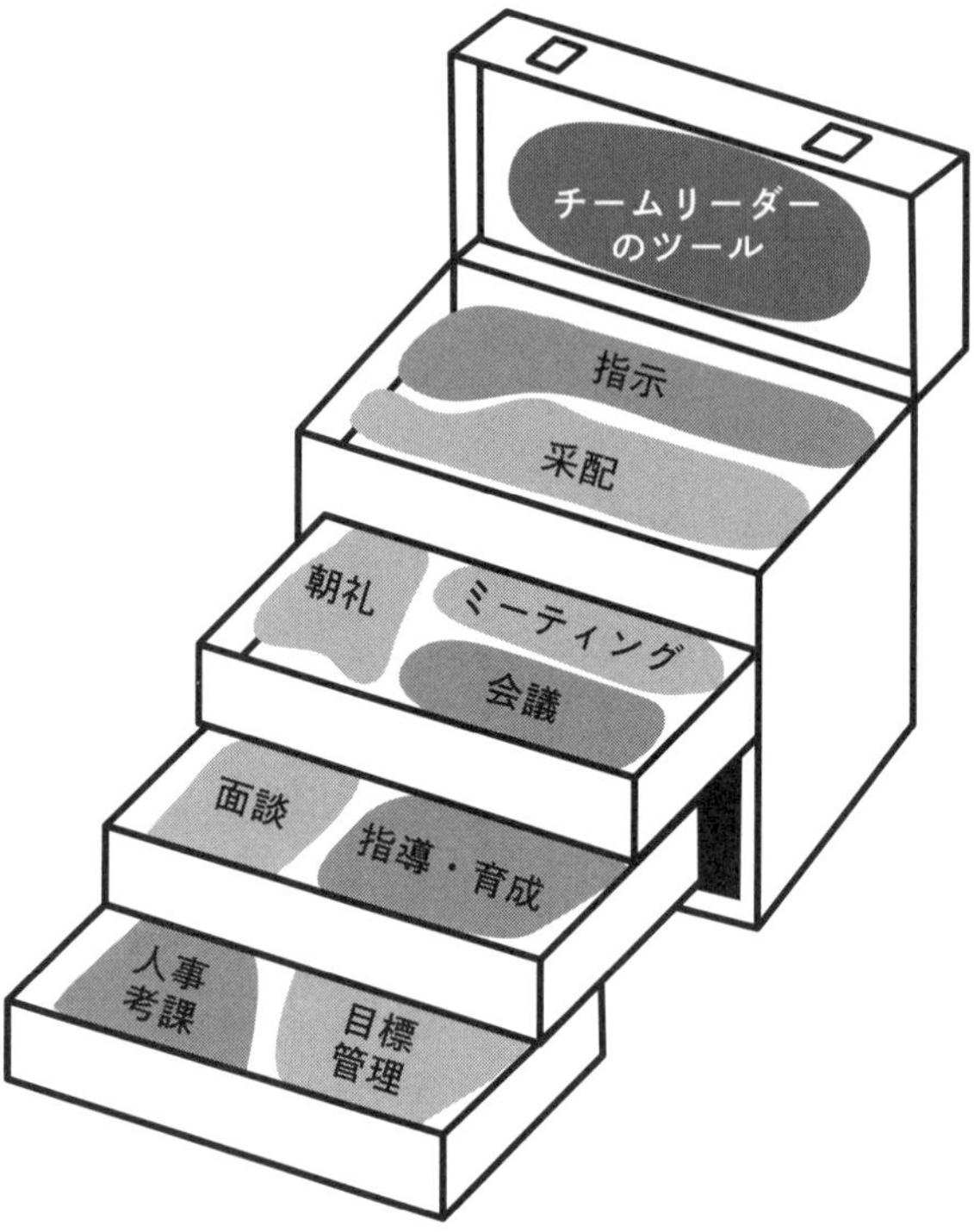
チームリーダーのツール
指示
采配
朝礼
ミーティング
会議
面談
指導・育成
人事考課
目標管理

人とタイミング次第で
使い分けが肝心。
これら以外にもあるので要点検！

これらのうち、①指示・采配、②朝礼・終礼・ミーティング・会議、③随時面談・定期面談、④指導育成の4つはたいていの会社で使うことができるはずです。

仮にこうした慣例がなければ、あなたが始めればいいと思います。

あとの⑤目標管理・人事考課は会社の制度次第ですので、すぐにはできない会社もあります。

チームをまとめる点では、ツールは多いに越したことはありませんが、まずは手元にそろっている範囲で最大限、活用することを考えましょう。

第2章

人と仕事が円滑に動く「コミュニケーション」

12 人が気分よく動く「3つのコツ」

チームリーダーの考えていることをわかって、メンバーが思うように動いてくれたら、こんなに気持ちのいいことはないでしょう。

ところが実際には、メンバーに「こういうことをやって欲しいな……」「もっとこう動いて欲しいんだけどな……」と思うことの方が圧倒的に多いものです。

ではどうしたらいいいか？　メンバーを上手に動かすには、ちょっとしたコツのようなものがあります。同じことをしていても、そのコツを知っているのと知らないとでは、メンバーのパフォーマンスが目に見えて変わってきます。

チームリーダーが知っておくべきコツとは、次の3つに関することです。

① 「共有」に関すること
② 「伝達」に関すること

③「戦力」に関すること

これだけですから、しっかり頭に入れておきましょう。

メンバーを上手に動かすコツ

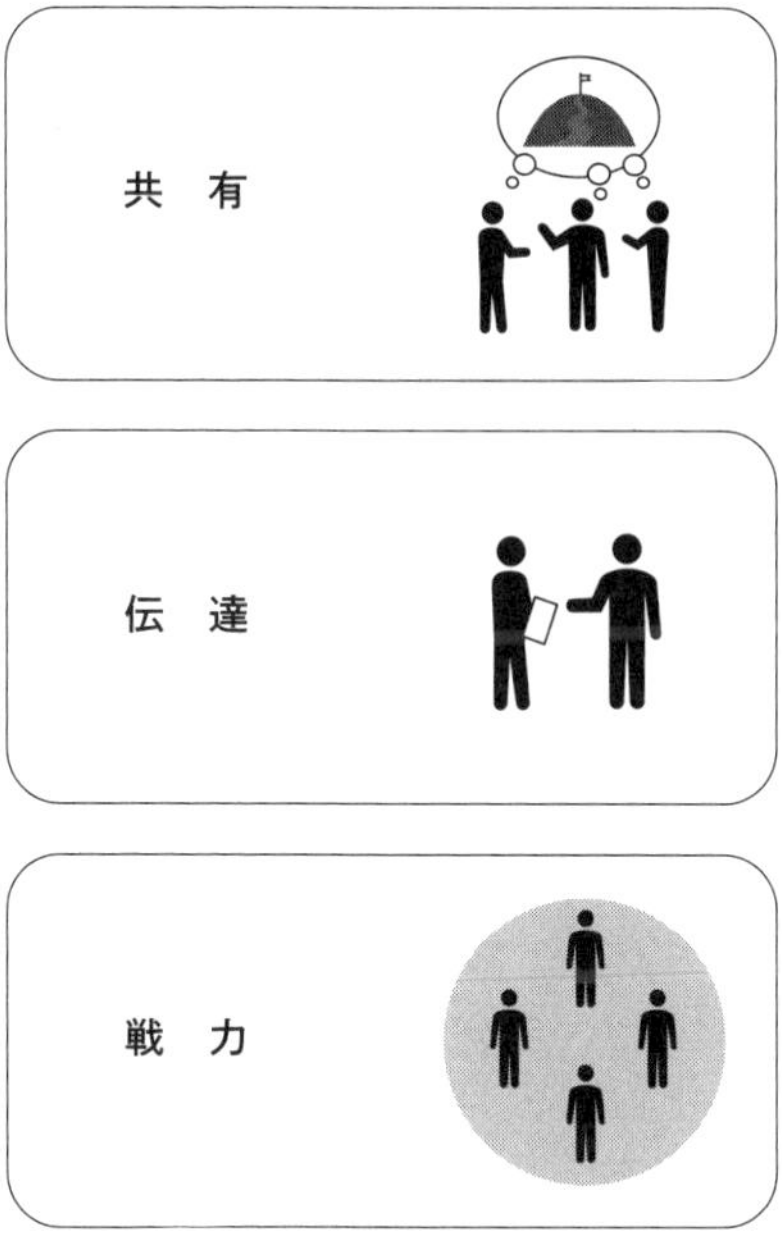

13 チームで「共有すべきこと」とは何か？

>>> 人を動かすコツ①［共有］編

「共有」とは、**チームリーダーとメンバー全員とが同じ思いや考え、情報を持つ**という意味です。

チームにおいて、「共有」すべきことはたくさんありますが、そのうち大事なことは次の3つです。

①チームの役割
②チームの目標
③業務状況の情報

これらを「共有」するメリットは多大です。

たとえば、チームでミーティングをしても、的を射た会話ができ、「話が早い」「すぐに伝わる」「すぐに動ける」といった状況を速やかにつくることができます。

あるいは、それぞれが「なぜ、この仕事をするのか」理解して取り組むことができるので、モチベーションが高まり、覚えが早くなり、応用がきくようになります。

また、予定外のことが起こった場合でも、ある程度は自分で判断して進めてくれるようになり、方向修正の指示を出した場合でも、すぐに納得して軌道修正できる度合いが増します。


ですから、まずはこれら3つを頭に入れ、上手に共有する方法を考えることが大切です。

「共有」の3つの柱

チームの役割

チームの目標

業務状況の情報

「共有」のメリットは多大

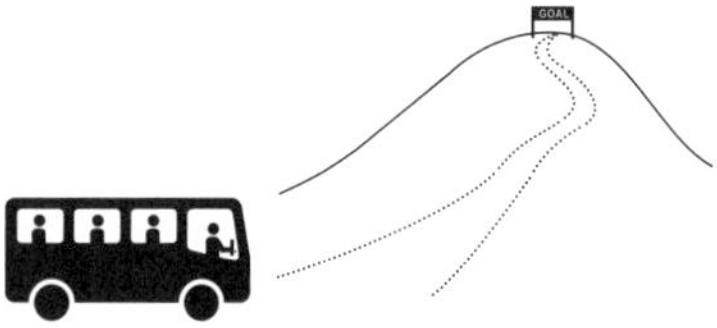

チームリーダーが運転するバス型から

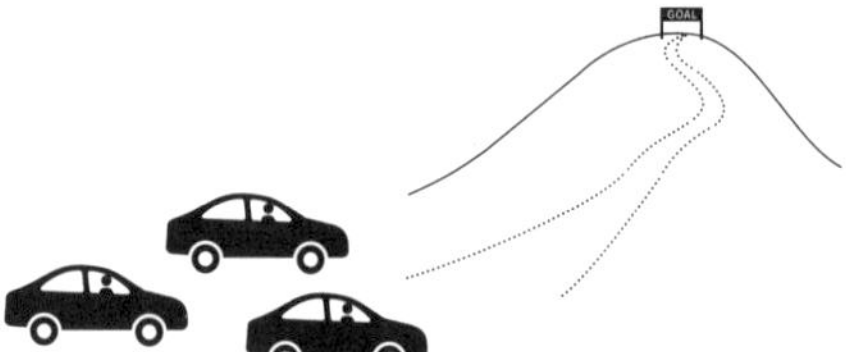

メンバーそれぞれに運転してもらう
マイカー型へ転換できる

14 まずはチームの「役割」を伝えよう

>>> 人を動かすコツ① [共有]編

チームリーダーを任されたら、まずは**「チームの役割」が何かをはっきりさせることが必要**です。

では、「チームの役割」とは何でしょうか?

チームの役割とは、**チームに求められていること**であり、**メンバー各人が担当する"仕事をする目的"**です。

たとえば製造業の現場なら、「顧客に一定以上の品質の製品を決められた期日に提供するために、仕様通りの正確な加工を工程納期内に仕上げ、次工程に送る」というような内容であったり、卸売業の内勤事務なら、「顧客に要望通りの商品を約束した期日までに納品するために、チーム全員が信頼を損なわない応答と正確な受注入力をする」というようなことが考えられます。

そのうえで、**チームの役割案がまとまったら、上司に確認を取りましょう。**「チームの役割はこれで間違いないか」と聞くのです。上司から何か指摘されたら再度検討し、上司とあなたが納得できるものにします。

チームの役割が決定したら、ミーティング等でメンバーに発表します。

発表というより、実際は「確認」になる場合が多いでしょう。皆が当然としてわかっていることなのですが、はっきりと言われたことがない、暗黙の事柄であるケースが多いからです。

あなたがチームリーダーになったら、この「チームの役割」にかかわることを臆せず実行することです。

チームの役割を考える

顧客が求める仕様の製品を期日までに提供するために、正確な加工を計画通り仕上げて次工程へ送る

お客様が要望する商品を約束の期日までに確実に納めるために、丁寧で信頼を損なわない応答をし、正確でスピーディな受注処理をおこなうことと迅速な連絡で営業のフォローをする。

お客様が抱える問題を解決するために問題を正確に知り、的確な解決方法を考え提案する。よく聞くと同時に言うべきことを言い、信頼関係を深める。

15 ＞＞＞人を動かすコツ①［共有］編

チームの目標の決め方

目標とは「何を、いつまでに、どこまでするか、どうやってするか」といったその時点の具体的な指標です。

目標管理をおこなっている会社だと、チームの目標はたいていの場合、部門の目標からブレイクダウンされたものです。

つまり、**チームの目標を達成することで部門目標の達成につながり、部門目標の達成は会社目標の達成につながります。**

よって、多くの場合、チームリーダーはチームの目標を上司から受け取ることになります。

とくに目標管理などをおこなっていない会社でも、チームの目標を設定することは大事です。**チームがどこへ向かうのか、メンバー各人が担当する仕事が何につながるのか、はっきりするから**です。

チームの目標が決まり、それをメンバーが共有することで、各人のモチベーションが高まり、チームの一体化につながります。

チームリーダーを任されてすぐには、チームの目標を決めるのは難しいのがふつうです。したがって、上司に相談したり、確認したりして決めることになります。

また、自分で考えた場合でもメンバーに伝える前に、上司に確認はしないといけません。部署や会社の方針と合致していることが必要だからです。

チームの目標が決まったら、ミーティングなどで、できるだけ早くにメンバーに伝えます。

でも、**伝えたからといって共有できているわけではありません。**

チームの目標が各人の仕事に分担されないと、メンバーはピンとこないのです。

目標は「チームがどこへ向かうか」を示す

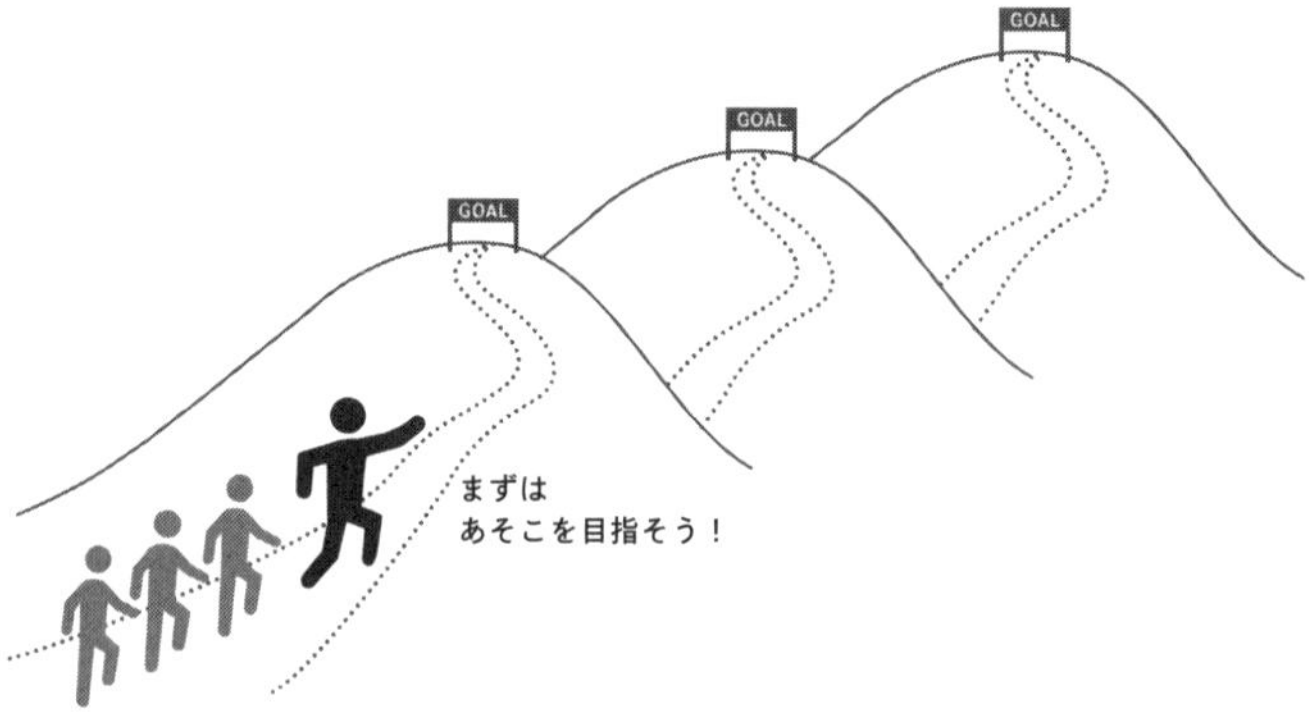
GOAL
GOAL
GOAL
まずは
あそこを目指そう！

今月中に訪問先に10件
アポを取る
今月中に
データ作成50件
今月中に協力先と
在庫の確認を完了

「誰が」「何を」
「どこまでするか」
分担が大事だ！

16 チームの目標をいかに伝えるか

人を動かすコツ① ［共有］編

目標の期間は目標管理をしている会社だと、通常6か月から1年で、会計期間に合わせて区切っているのが一般的です。

目標管理をしていない会社でも、長くて1年以内にします。あまり長いと目の前のすべき仕事と目標とがつながりにくくなりますし、現在の変化の激しい時代に設定した目標自体が変わったり、なくなってしまいかねません。

ですから、**チームの目標としては3か月から6か月くらいが適切**です。

目標の数はできれば1つ、多くとも3つ以内にします。

期間が6か月程度でしたら、その間にできることは限られていますし、多いほどメンバーの意識が集中しづらくなります。

チームの目標は具体的に設定します。

期間の間にどこまでやるか、具体的で明確であればあるほど、メンバーはゴール地点をイメージしやすくなりますし、メンバーによる達成イメージの差も少なくなります。

メンバーに目標を説明したときに、メンバーから疑問点や意見など反応がないときは、目標が具体的でない、わかりにくいなどイメージしづらく、理解できていない可能性があります。

仮にメンバーから目標に対して反論があった場合は、少なくとも目標を理解し、意識してもらえている状態と考えてよいでしょう。

示した目標に意見や反論があれば伝わっている

チームの目標は

- 1つ、多くても3つまで
- 期間は会社に合わせるが長くとも1年
  できれば3～6か月を検討
- できる限り具体的に立てる

（意見が的を射ている
よく理解できてきたな）
その工程期日は
厳しいですね
3か月じゃ
到底無理ですよ
材料の確保が
難しそうです

17

人を動かすコツ① ［共有］編

業務状況の情報を伝えよう

チームの仕事がどうなっているか、現在の状況をメンバーが知っていることは大切です。知っているだけで、メンバー各人は自分がどう動けばいいか判断し、行動してくれることが期待できるからです。

最初はチームリーダーが仕事の状況に合わせて、どのように対応すべきか、その都度指示をしていたのが、次第に業務状況の情報だけで自ら動いてくれるようになります。

業務情報の共有は、「メンバーが仕事に慣れてから」「仕事を覚えてから」などと考えがちですが、**最初から周知しておくのがポイント**です。

業務状況の情報とは、**チームの目標の進捗、トラブルやメンバーの休みなどイレ**

ギュラーな事柄、メンバー各人の担当業務、今日の予定と明日以降の予定、それに**チームの業績数値**などになります。

共有の方法としては、朝礼やミーティングを使うのが一般的です。各人がパソコンを持っていたら、共有ファイルや掲示板の活用もいいでしょう。スマートフォンのアプリを使うのもひとつです。

ただし、パソコンやスマートフォンなどを使う場合は情報が漏えいすることも考えられ、事前に上司に確認をしておかないといけません。

以上が原則的なことですが、実際には情報共有のタイミングや優先順位は状況に合わせてやり繰りをする必要があります。

業務状況の情報だけで自ら動いてくれるようになる

共有すべき主な業務状況の情報

- 不在などメンバーの予定
- トラブルやイレギュラーな依頼事項などの状況
- チーム目標の進捗と各担当の進捗状況
- チーム業績の状況
- チームに影響するチーム外の業務状況
- チームに影響する世間情勢等

共有のポイントは

- できるだけ短い時間で伝わるようにする
- 各人の業務に影響する大事なことのみに絞る
- 緊急性の高いものを優先
- 全員が把握しておくべきことを優先
  (全員が必要でないことは個別に言う)
- ミーティングや朝礼を使う場合は情報は3つ
  以内に絞る

18 ＞＞＞人を動かすコツ②［伝達］編
「上手な伝達」で、チームの役割を成し遂げる

「伝達」とは、**チームリーダーの考えやメンバーにやって欲しいことを伝えること**を指します。ここでは「伝え方」について説明します。

チームにおける「伝達」の場面はいくつかありますが、次の5つを取り上げます。

①采配
②指示
③ミーティング
④面談
⑤指導

チームリーダーはこれらの場面をフルに活用することを考えましょう。
これらを使って、チームの役割を成し遂げるのです。

この5つはチームリーダーに与えられた特権であり、強力なカードです。
けれども使い方にはちょっとしたコツがあります。
そのコツを身につければ、チームはあなたの思うように動き始めるでしょう。

「伝達」によってチームは動き始める

仕事にはこれまでの続きをする仕事と
「伝達」から始まる仕事がある

昨日の続きでする仕事
「伝達」で始まる仕事

この本で学ぶ「伝達」の場面は5つ

采配
指示
ミーティング
面談
指導

19

人を動かすコツ②［伝達］編

「適切な采配」で、成果の半分以上が決まる

「采配」とは、**誰に何を任せるか、役割分担を決めること**です。

チームリーダーは、自身の業務も含めて、チームが抱える業務全体の割り振りを考えないとなりません。

チームの成果は、**半分以上が「采配」で決まる**と言っても過言ではないでしょう。

それだけ重要ですので、思いつきではなくよく考えないとなりません。

ところで、チームに仕事がよくできる人、ベテランの人がいると、その人に仕事が集中しがちです。

「よくできる人」の多くは、往々にして何でもよくできる人です。

したがって、確実性を考えると、そういう人にたくさんの仕事、難しい仕事が集中してしまいます。

そういう人の多くはチームリーダー自身というケースも多いでしょう。

そうなると、チームリーダーはずっと忙しく、メンバーはいつまでたっても育たず、また指導する時間もつくれないことになってしまいます。

采配を決める要素は、「仕事の確実性」だけではありません。

「メンバーの育成」「多能工化」「仕事の平準化」などがあります。

チームリーダーは目先の仕事だけでなく、少し長い目で「采配」を考えないとなりません。

チームリーダーはつねに「自分のチームをつくる」「メンバーを育てる」ことを心がけましょう。

「采配」は仕事の割り振りを考えること

誰に何を任せるかで成果の半分以上は決まる！

その仕事を得意な人がその仕事をするのがもっとも確実。
けれども任せられない時がある代表的な理由は次の４つ。

「采配」はやり繰りせよ！

①できる人に仕事は偏る ➡	思い切って他の人に任せてみる。案外うまく行くものだ。
②手の空きがちな人がいる ➡	頼みにくい人がいるものだ。「面談」を使ってじっくり話すのもひとつ。
③人材育成 ➡	少し長い目で考え、目先のリスクをとって将来の戦力をつくる。
④上司や会社の意向が別にある ➡	事情はよく聞く必要があるが、そういうことも仕方ないと割り切ることが必要。

20 きっちり伝わる指示のコツ

人を動かすコツ②【伝達】編

チームリーダーは「指示」の基本を知ってコツをつかめば、チームのマネジメントはとても楽になります。

「指示」がうまくいかないという問題の多くは、うまく「伝わっていない」ことにその原因があります。

「指示」はコミュニケーションのひとつの方法で、コミュニケーションとは相互理解です。

つまり、**チームリーダーの伝えたいことが相手にきっちりと伝わって、「指示」が完了したことになります。**

けれども、ほんとうに相手に伝わったか、相手が正しく理解したかどうかは、説明しただけではよくわからないはずです。「わかったな」と言って、相手がうなずいていたら、理解したものと思ってしまいがちです。

「指示」したことをわかっているものと思って、でき上がってきたものを見たらまったく違っていて、数日ムダにしたなどということはよくあることです。

ですから、**「指示」は必ず「確認」とセット**と考えましょう。

そこで、ポイントは「確認」の方法になります。

新人への指示なら、内容を復唱させて、わかっているか「確認」することもできますが、いつまでもそんな手間のかかることをしているわけにもいきません。

「指示」を理解したかどうか、現実的な「確認」の方法は3つあります。

①要点の質問をする
②少し進んだらチェックをする
③相手に確認をさせる

「指示」は「確認」とセットでおこなう

「指示」はコミュニケーション
コミュニケーションは「相互理解」

「指示」は「確認」とセット
言ったことを相手が理解できているかどうかは
「確認」するしか方法がない

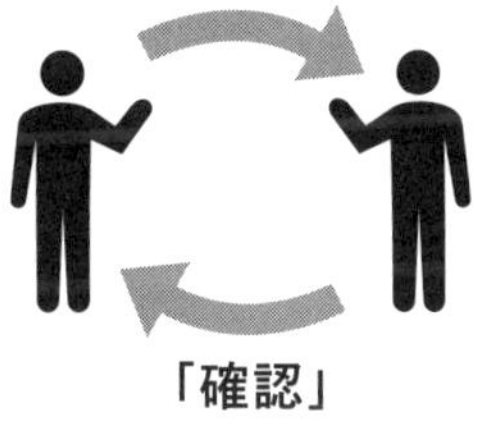

「要点の質問」はちょっとスキルが必要ですが、身につければ、マネジメント力はぐっとアップします。たとえば、次のような使い方です。

リーダー：「商品売上ベスト30について先月までの12か月の推移をグラフにして、次の販促会議に見られるようにしておいてくれる」

メンバー：「わかりました」

リーダー：「グラフの種類は何を使う？」

これで指示した内容の理解度がわかりますし、チームリーダーとメンバーの成果物のイメージを近づけることができます。

コミュニケーションは「相互理解」

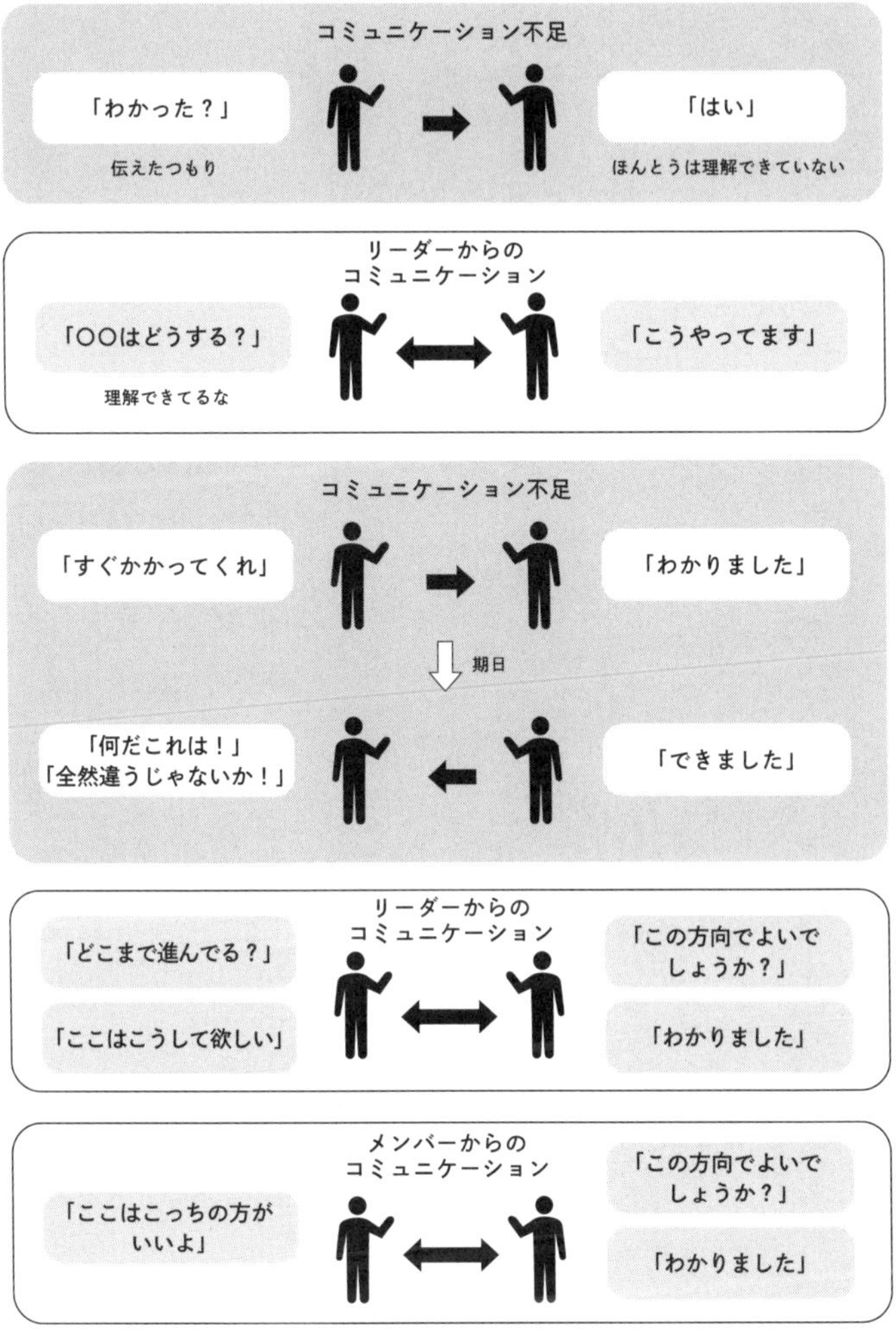
コミュニケーション不足
「わかった？」
伝えたつもり
「はい」
ほんとうは理解できていない
リーダーからの
コミュニケーション
「○○はどうする？」
理解できてるな
「こうやってます」
コミュニケーション不足
「すぐかかってくれ」
「わかりました」
期日
「何だこれは！」
「全然違うじゃないか！」
「できました」
リーダーからの
コミュニケーション
「どこまで進んでる？」
「ここはこうして欲しい」
「この方向でよいでしょうか？」
「わかりました」
メンバーからの
コミュニケーション
「ここはこっちの方がいいよ」
「この方向でよいでしょうか？」
「わかりました」

21 人を動かすコツ② ［伝達］編

指示通り動いているか確認するコツ

指示の内容にかかわらず、理解度を確実に確認できる方法が「取りかかった後のチェック」です。

指示した内容とまったく違う方向へ進めていて「1週間ムダにした」というようなことを確実に防ぐことができます。

指示の内容が複雑なもの、難しいもの、時間のかかるものであるほど効果を発揮します。

取りかかってからどれくらいでチェックするのがいいかは内容によりますが、原則は「早い方がいい」と言えるでしょう。

リーダー：「ここまで進んだらいったん見せてくれる。明日の午前中には大丈夫だよね」

また、この方法は、チームリーダー自身が成果物のイメージが十分にまとまっていないで、あいまいな場合にも有効になります。

リーダー：「最終の姿はどのようなかたちがいいか、ここまで進んだらもう一度打ち合わせをしよう」

忙しいチームリーダーが「指示」を確実にメンバーに伝達しながら、自分の時間をできるだけつくるには、このような「確認」を効率よくしないとなりません。

そのためには、メンバーの方から「確認」のための「報告」をさせたいものです。

メンバー：「〇〇まで進めたら、一度見てもらえますか。明日の11時ごろになるかと思います」

このようにメンバーから報告が来るようになれば、しめたものです。チームリーダーはぐっと楽になります。

「指示」と「確認」の原則

「指示」の原則

- 「誰に(どこに)」「何を」「いつまでに」「どうするか」の4つを伝える → 指示のはじめに伝える
- 「なぜそうするか」理由を伝える → 伝えることで納得性が高まる
- 一度にまとめて指示する。(見習い期間は除いて)「指示」は小出しにしない
- 成果物(でき上がり)のイメージをはっきり持つように心がける「指示」の段階ではっきりしない場合はできるだけ早めにはっきりさせる

「確認」の原則

- 取りかかったら、早めにチェックする。とくに難しいもの、複雑なもの、時間のかかるものは早目に
- 成果物のイメージがあいまいな場合は、取りかかった後の「確認」でイメージを明確にする
- メンバーの方から進捗の報告に来るよう、習慣づける

22

人を動かすコツ②［伝達］編

メンバーにきちんと「確認させる」方法

メンバーの方から報告に来ないからといって、チームリーダーはメンバーのことをぼやいていてはいけません。ぼやいていても何も変わらないからです。

思うように動くチームは一朝一夕にはできないのです。チームづくりは地道にコツコツすることです。

「メンバーの方から確認させる」のも、「そうするもの」ということを教えて、習慣にしないといとなりません。

たとえば、次のような場面です。

リーダー：「今朝のミーティングで決まったことをA４に箇条書きでまとめておいてくれる」

メンバー：「わかりました。いつまでに提出すればいいですか？」

指示において、**「期限」は必須項目**です。

けれども、忙しいチームリーダーはつい忘れたり、省略したりしがちです。省略しがちなのは、「当然わかっている」と思っているからです。

でも、メンバーからすると、それはとても困るものです。「期限」がはっきりしないとメンバーは自分の仕事の組み立てができなくなるからです。

「期限」の確認はたしかに必要です。

けれどもチームリーダーからすれば、「すぐに決まっているだろ」とか、「できるだけ早く」と言い返してしまいたくなるでしょう。つまり、メンバーからのこのような質問では不十分なのです。

そこでチームリーダーは、メンバーに次のように質問するよう、指導すべきです。

メンバー：「〇日の〇時までに提出すればいいですか？」

これからのチームリーダーは、メンバーを「仕事を任せられる人材」に育てていい

リーダーの「指示」業務を楽にするコツ

プレイングマネジャーのチームリーダーは忙しい

- 指示の原則「誰に」「何を」「いつまでに」「どうするか」「なぜそうするか」を毎回伝えるのは大変だ。
- 「指示書」をつくるのもひとつだが、すべてを書けないケースや「指示書」を使えないケースも多々ある。
- 受け手のメンバーが「わからないこと」「はっきりしないこと」は聞き返す、聞きに来るよう指導し、習慣化する

指示書

相手先：

期限：

内容：

備考：

チームづくりが大切

メンバーが「指示」されたことを
あいまいなままで仕事を進めさせない

↓

メンバーを指導し、
「確認」するのが当たり前のチームをつくる

↓

「確認」が当たり前のチームをつくれば
チームリーダーはとても楽になる

くことが求められます。

「任せられる」とは、一定範囲の業務をいちいち細かく指示をしなくても、責任をもって最後までやり遂げてくれることを言います。

そのためには、自分の仕事はできるだけ自分で組み立てる習慣をもたせることが大切です。

すなわち、**メンバー自身が自分の仕事の都合と指示された仕事の必要性とを判断して、自ら「期限」を設定し、チームリーダーにうかがいを立てること**です。

こうしたやり方は、メンバーの責任感とやりがいにもつながっていきます。

「チームづくり」の方針の例

■次のようなメンバーを育成する

「チームが成すべきことを明確にすれば、メンバー一人ひとりが自分の役割を理解し、自分で仕事を組み立て、チームリーダー、他のメンバーと調整しながら、責任をもって自分の役割を果たす」

■次のような「指示の受け方」の基本を教え、当たり前にする

チームリーダー「木曜日のリーダー会議で報告するので、午前のミーティングで決まったことを整理して、A4一枚にまとめて欲しい」
メンバー×　「いつまでに仕上げればいいですか？」

⬇

メンバー○　「明日中でいいでしょうか？」（自分の方から期日を提示する）
チームリーダー「いや、チェックするので明日の午前中に持って来てくれ」

メンバーは自分の仕事の予定と新たな「指示」の仕事とを調整して、メンバーの方から「期日」の提示をする。
そうすると、チームリーダーは「それでいい」とか「○日までに」とか返答することになる。
「期日」に限らず、メンバーは「わからないこと」「あいまいなこと」は自分の方から「○○でいいでしょうか」と明示し、チームリーダーの返答を聞くように指導する。

23 ＞＞＞ 人を動かすコツ② ［伝達］編
指示のコツは「まとめて出す」こと

メンバーから、「明日の午後3時までに提出すればいいですか？」と、「期日」の打診を受けたチームリーダーは次のように返答するはずです。

リーダー：「うん、それでいいよ」または
「明日の昼までには欲しいんだけど、できる？」

チームリーダーとメンバーのこのようなやり取りが、自分で自分の仕事の管理ができる社員を増やし、「やりがいのある職場」をつくる一歩です。

そのためにチームリーダーはメンバーに**「指示の受け方」など仕事の基本から指導すること**です。自分のチームは基礎からつくっていく意識が大切なのです。

さらにもうひとつの「指示」のポイントは、**「指示」は小出しにしない、まとめて出す**ことです。

新人のあいだは、ゴールを短く区切って、いちいち細かな「指示」を出すことも必要ですが、少し仕事に慣れてきたら、最初に最終ゴールまでの「指示」を出し、できるだけ自分で手順と日程を考えるように仕向け、わからない点はメンバーから質問させるようにします。

「指示待ち」メンバーは、その人の性格や素養の問題ではありません。チームリーダーの「指示」の出し方と指導の仕方の問題なのです。

自分で手順と日程を考えられるようにする

メンバーは「自分の仕事の予定」を自分で立てるようにし、
常に「自分の仕事の予定」を持っておく。

↓

そのためには、
自分が抱えている仕事などの
「TO DO LIST」を書き出す
習慣を身につけさせる。

TO DO LIST

- △△社への納期回答
- 締め業務
- 営業××さんへの連絡
- 出張清算の提出
- 在庫確認

「自分の仕事の予定」を持ったメンバーを活用するには
「指示」はまとめて出し、小出しにしない。

○日までに△△データから有望顧客を拾い出し訪問の優先順位をつけて提供する資料を準備し…

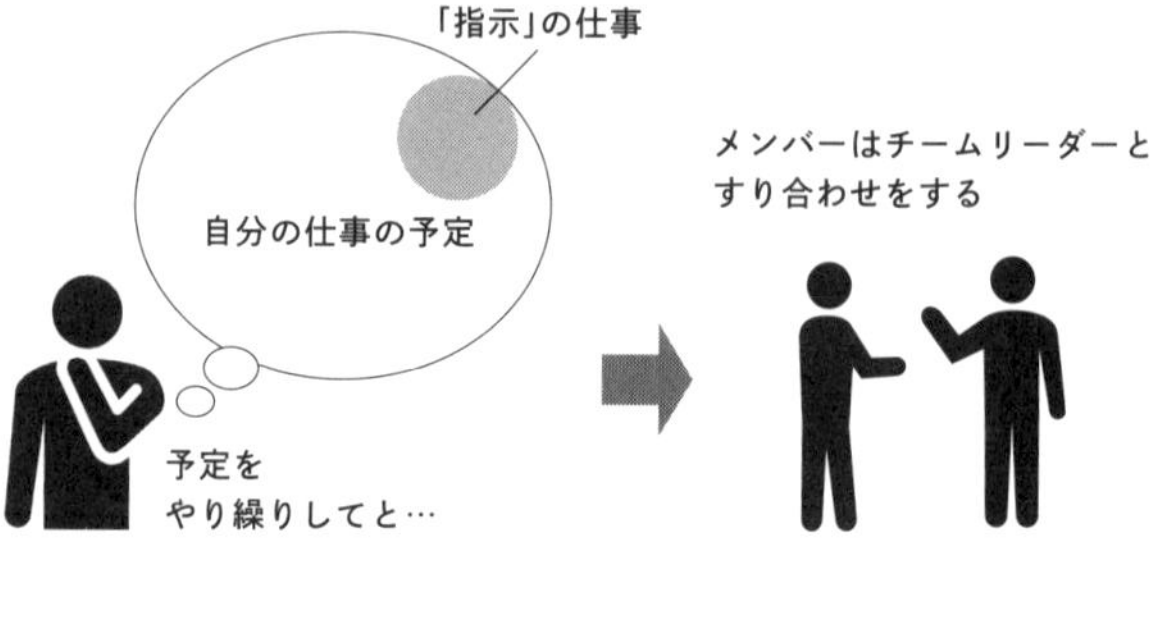
新しい
「指示」の仕事
自分の仕事の予定
予定を
やり繰りしてと…
メンバーはチームリーダーと
すり合わせをする

24

>>> 人を動かすコツ② ［伝達］編

ミーティングで「話をさせる」コツ

「ミーティング」はチーム内でメンバーが集まって、打ち合わせをすることです。全員が集まるのを「チーム・ミーティング」などと言います。
このときの進行役は、必ずしもチームリーダーでなくてもかまいません。

ところで、ときどきミーティングになっていない「ミーティング」を見かけます。**チームリーダーが一方的に話しているだけ**のものです。
「ミーティング」もコミュニケーションのツールのひとつですから、相互理解が原則です。**相互理解のためには、メンバーの意見を聞くことが欠かせません。**

チームリーダーが一方的に話すだけの「ミーティング」になってしまうのは、多くが「メンバーが話さない、一向に意見を言わない」ことに起因します。

でもそのままだと、メンバーがほんとうに理解できているかどうかもわかりません。ですから、メンバーが話す工夫をすることが求められます。

ポイントは次の3つです。

①全員にではなく個別に問いかける
②意見を言いそうな人から問いかける
③話しやすい問いかけをする

このうち、③の「話しやすい問いかけ」とは、たとえば「〇〇さんには、入力のチェックを担当してもらうけど、入力ミスが多いのはよく似たコードの見間違いだっけ？」と回答できる話題を付け加えるようなことです。

このように尋ねることで、「いいえ、相手の手書き文字が読みづらい場合です」などと答えてくれたら、話が続けられるはずです。

一方的な話にならないように注意する

メンバーに話してもらう工夫

■個別に問いかける

例）問いかける相手を指名する

チームリーダー　「○○さん、××作業のところは難しそうだが、大丈夫かな」

■意見を言いそうな人から問いかける

例）意見を言いそうな人から切り出してもらい、話しやすい場にする

チームリーダー　「△△さん、今度の案件は期間が短いけど、他の仕事との調整はどうかな」

■話しやすい問いかけをする

例）そのメンバーの担当業務の具体的な内容に触れる

チームリーダー　「□□さん、最近○○の仕上がりがずいぶん早くなったみたいだけど、何か工夫しているのかな」

メンバー　「材料を取りやすいように置き場を変えたのです」

チームリーダー　「なるほど、スピードも上がるし、作業もやりやすくなる。△△さんの作業にも応用できないかな」

25

人を動かすコツ② [伝達] 編

ミーティングを「上手に進行する」コツ

「ミーティング」で話さない人ばかりではなく、反対にとにかくよく話す人がいることもあり、放っておくとその人に時間を取られて終わってしまうなどということがあります。

そのようなときは、他の人に話を振る、話題を変えて本題を進めるなどは進行役の役目です。進行役がメンバーの場合はチームリーダーがサポートします。

このように「ミーティング」をテンポよく進めるには、行きあたりばったりでおこなってはいけません。必ず、準備をしましょう。

しっかり準備をしておけば、話が脇道にそれても、何のミーティングだったかわからなくなるような事態を防ぐことができます。

チームリーダーは**あらかじめミーティングのテーマを決め、メンバーに事前に伝えて、話すことを考えておいてもらいます。**

テーマを考える際には、欲張らずに**ミーティングが30分以内で終わるようなボリューム**にします。

一度にいろいろなことを決める長いミーティングよりも、だらだらとせず短い時間のミーティングを何度もおこなうのがポイントです。

きびきびしたテンポのよいミーティングはチームを引き締め、一体化につながりますし、メンバー各人の次の作業のテンポもよくなったりします。

テーマが決まったら、今回のミーティングでの**着地点**を決めます。

事前に、**話をどこへ持って行き、締めくくるかを検討し、見積もっておく**わけです。

もちろんいつも予定通りにいくとは限りませんが、こうした準備を繰り返すことで、次第にうまくなっていきます。

ミーティングを上手に進行するコツ

こうした「ミーティング」になっていないか注意する

■メンバーが話さない「ミーティング」

■話が脇道にそれて、まとまらない「ミーティング」

■やたらと長い「ミーティング」

チームリーダーは「準備」しておく

■「ミーティング」のテーマを決める

欲張らず、絞り込んで、他のテーマは次回にまわす。

■着地点を決める

今日の「ミーティング」を「どこへ持って行くか」を決めておく。

■時間を決める

「ミーティング」の終わりの時間を決めておき、時間が来たら途中でもそこまでをまとめ、打ち切る。

■事前に伝える

メンバーには今日の「ミーティング」の「テーマ」と「開始と終わりの時間」を伝えておく。また「意見を出してもらうような事項」も伝えておき、考えておいてもらう。

例）チームリーダー「今日のミーティングは15：00〜15：30におこないます。
テーマは『新規案件の段取り』についてです。各自心配な点を話してもらうので考えておいてください。」

26 人を動かすコツ② 〔伝達〕編
「定期ミーティング」がよい職場のベースになる

ミーティングが苦手なチームリーダーがいます。

そもそもチームは、ミーティングをしなくても、動かないわけではありません。

そのためミーティングが苦手な人は、はじめは定期的におこなっていても、次第にミーティングをやらなくなってしまいます。

では、ミーティングが苦手なリーダーはどうしたらいいでしょうか。

ミーティングが苦手な人は、まずは**ミーティングそのものに慣れること**が大切です。

そのためには取り入れたいのが、「**定期ミーティング**」です。集まる時間を決めておけば、メンバーはそのつもりで仕事の予定を立てます。そうすると、集合と解散時のムダな時間も減り、短い時間のミーティングを数多く実施することが可能になります。

10分間でもいいので、ミーティングを毎日おこなうのもひとつです。

ミーティングをおこなう理由は、**さまざまなことをチームで共有するため**と**お互いを理解するため**です。

チームリーダーは「**伝えたいこと**」と「**聞きたいこと**」をしっかり考えておき、短いミーティングでも必ず両方をおこないます。そうすれば、たとえ10分間でも有効に使えるはずです。

また短い時間でも、チームリーダーは一人ひとりの顔を見て話すようにします。そうすると、メンバー誰もがミーティングに参加した感が増します。

メンバーもミーティングに慣れてくると、自分の考えを言えるようになり、チームの風通しはよくなっていきます。このように、定期ミーティングが居心地のよい職場づくりのベースになるのです。

「居心地のよい職場」につながるミーティング

「ミーティング」の苦手なチームリーダー

↓

「ミーティング」に慣れる

↓

「定期ミーティング」の実施

・日時を決めて
・短時間で数多く

「ミーティング」のコツ

- 「伝えたいこと」「聞きたいこと」を準備しておく
- 「伝えたいこと」「聞きたいこと」を事前にメンバーに伝えておくと、なおよい

↓

メンバーも準備ができる

↓

「ミーティング」での会話、意見交換が弾む

↓

「情報の共有化」と「相互理解」が進む

↓

メンバーの「ミーティング」に参加した感が増す

↓

チームの風通しがよくなり、居心地のよい職場につながる

27

人を動かすコツ②［伝達］編

ミーティングを上手に締めるコツ

定期的にミーティングをするのは一歩前進ですが、それぞれに言いたいことを言うだけで、結局何も決まらないのでは意味がありません。

あくまでもミーティングの目的は、**①共有、②相互理解、③決定**です。

このうち、最後の「決定」こそがチームリーダーの役目ですし、腕の見せどころです。

何かを検討するミーティングの終わりには、必ず「決定」を入れるようにします。

つまり、「今日、決まったことは○○と△△です」という具合に、**今日の決定事項をまとめて共有するようにします。**

こうするだけで、途中経過がどのようなものであっても「ミーティング」の時間が充実したものになり、チームリーダーの信頼につながります。
ポイントは、たとえ、話しがまとまらなくても、決まったことや共有できたことを総括することです。

また、チームで実施することを決めた場合でも、「期日」をはっきりさせずに終わってしまうこともあります。

いつから実行するのかが明確でないと、結局、誰も行動しません。

それでは意味がありませんから、どのような些細なことでも、必ず「期日」を明確にしましょう。

「では、今日決めた、お客さまに電話でひとことお願いする件は、早速明日の朝から実施します」とまとめれば、決めたことを実行できる確率がぐんと上がるはずです。

ミーティングの目的とコツ

「ミーティング」の目的は

①共有……伝える
②相互理解……話し合う
③決定……物事を決める

「ミーティング」のコツ

今日の「ミーティング」の総括を入れる

↓

決めたことは必ず、いつから実施するか「期日」をはっきりさせる

↓

「期日」があいまいだと誰も行動しないことになりかねない

よくあるダメな例

×チームリーダー「今日決まった3階の資材を2階へ移動する件は早急に皆で取りかかることにします。2階の仕掛品を並び替える件は、○○さんと△△さんで担当してもらいます。」

↓

改善例

○チームリーダー「今日決まった3階の資材を2階へ移動する件は午後一番に、全員で取りかかります。時間は30分間。2階の仕掛品を並び替える件は、○○さんと△△さんで明日の16時から1時間で頼みます。」

28 「仕事の説明」で伝えるべきポイント

人を動かすコツ②［伝達］編

チームで商品開発や新規工程の立ち上げなどプロジェクト型の仕事を請け負うと、誰に何を任せるか、チームリーダーは仕事の采配を熟考して決めることになります。

采配プランが決定したら、チームミーティングを開いて説明することになりますが、その前に重要になるのが次のような説明です。

(ア) チームで取り組む新規業務の概要

① 新規業務が最終的に、何になるか、何につながるか。たとえば製品の一部だったら、その製品はどういったものか

② それはどのような価値があるか

③ 自社が取り組む理由や意義は何か、自チームが取り組む理由や意義は何か

（イ）新規業務のポイント

①難しさ、やっかいなところ、押さえておくべきポイント

②期限とスケジュールの概要

③他業務との関係

チームリーダーがこの業務がどれだけ重要かを伝えることができれば、チームのモチベーションはアップし、采配はスムーズにいきます。

ただし、説明は一方的にならずに、質問や意見をもらえるように配慮しましょう。

ミーティングでの説明例

はじめての業務や難易度の高い業務は
「ミーティング」を用いて説明する

①采配プランを伝える

チームリーダー「○○社の新規の加工業務が来週より始まります。予定では月曜の午前中に物が届き、午後から取りかかります。担当は私と△△さん、補助に□□さんでお願いします。最優先業務ですので、他の継続業務をやり繰りしてください。質問はありますか。」

②業務の根拠を伝える

チームリーダー「この加工品は新しい▽▽の部品で、○○社の肝入りです。営業が競合先に勝って獲得したもので、精度、納期はこれまで以上に要求されますが、成功すれば、わが社の柱に育つような業務となります。社長からもうちのチームが適任との言葉をもらっています。何としてもやりきりましょう。」

③ポイントを伝える

チームリーダー「３号機がフル稼働することになるでしょうから、△△さん、整備をお願いします。技術課にも頼んでおいてください。スケジュールは表の通りです。他業務をやり繰りして、各自でスケジュール化してください。私と△△さんの業務の一部が、□□さんと××さんにまわります。明日の午後一番に、個別に打ち合わせしましょう。△△さん、●●社の定例品の方は大丈夫ですか？」

29 「面談」を活用したい7つの場面

>>> 人を動かすコツ② [伝達]編

積極的にミーティングをおこなうリーダーでも、個別の「面談」はあまり実施せず、重要視していない人が多いようです。

そもそも1対1でおこなう面談は、ミーティング以上に苦手な人が多いものです。

しかし面談の機会を上手に活用できるようになれば、マネジメント力はさらに上がっていきます。

面談を活用したい場面は次の通りです。

① 担当業務の打ち合わせ

② 目標・課題の設定

③ 進捗・結果確認

④方針、方向確認
⑤指導・指示・注意
⑥評価のフィードバック
⑦相談

メンバーとのコミュニケーション方法のひとつとして、「面談」と「ミーティング」とをうまく使いわけていきましょう。

面談の基本

座り方の例

真正面に
向かい合うと話ずらい

少し斜めに
向かい合うくらいがよい

立ち話でも構わない

個別の話が必要かどうかで
「面談」と「ミーティング」を使いわける
「面談」を使う場面は意外に多い

- 担当業務の打ち合わせ
- 個別指導
- 指示
- 注意
- 目標・課題の設定、確認
- 進捗・達成結果確認
- 方針、方向の確認
- 評価のフィードバック
- 相談
- その他の打ち合せ

30 面談で大事なのは「話す」より「聞く」

人を動かすコツ② [伝達] 編

面談が苦手な人は、「相手が何を言ってくるかわからない」「とっさの返答に困る」というような理由から遠ざけてしまうことが多いようです。この場合の対策は、ミーティング同様に〝慣れること〟ですから、**定期面談をする**のもいいでしょう。

目標管理を実施している会社では、否応なく定期面談をおこなうことになります。また、会社としては実施していなくても、チーム内でメンバーへ目標や課題を与えれば、自動的に定期面談を実施することになるでしょうから、そうした機会を積極的に活用するのがおすすめです。

面談が苦手な人は、相手に話す機会を与えず、一方的にしゃべってしまう傾向があります。これでは面談をする意味がありません。

面談は、**相手の説明を聞くのが中心**であり、あくまで「**主役は相手**」と考えましょう。

もし面談の相手が「難しいこと」「困難なこと」「悩ましいこと」を言ってきても問題ありません。そういうときは、**即答をしない**ことです。

その場では「考えておく」と返答して、答えをまとめてから再面談すればいいのです。これなら、とくに身構える必要はなくなるはずです。

また、自分で回答に窮すること、確信が持てないことは、上司に相談してからにします。つまり、メンバーの言い分、文句、相談事を自分ですべて受ける必要はないということです。

こうすることで、面談への苦手意識はだいぶ軽減されるでしょう。

定期面談のコツ

定期「面談」のすすめとコツ

- 「面談」が苦手➡「面談」に慣れる
- 目標や課題を与える➡「進捗確認」など自動的に「面談」をすることになる
- 時間は短くてよい。続けることが大事➡ 15分〜 30分程度
- 時間を決めておこなう。時間が来たら切り上げる➡だらだら長くしない

「面談」の苦手な人は一方的に喋りがち

- メンバーから「説明を聞く時間」と位置づける
- 「面談」の主役はメンバーにする
- 相手が文句や注文、すぐに答えられないことを言ってきたら即答しない

⬇

「考えておく」の返答または再面談の約束でよい

⬇

すべてを自分で抱え込まない

上司等に相談するのも一考

31 人を動かすコツ②【伝達】編

面談のコツは「トレース」にある

面談の基本はトレースとアドバイスで、トレースが9割、アドバイスが1割くらいに考えましょう。

トレースとは、「結局のところ、結果はどうなった」とか、「その結果に至るまでの行動（プロセス）はどうだったか」「どうのように考え、そのような行動をしたか」など、**相手の行動、行動の結果、行動に至った相手の考えなどを「なぞる」**ことを言います。

「なぞる」わけですから、メンバー本人が説明することになり、チームリーダーのアクションとしては、「聞く」ことが中心となります。つまり、**面談では「聞くことが9割」**と考えていいでしょう。

面談の9割を聞く時間にあてるには、相手が話しやすい状況をつくらないとなりません。そのためには**「身をのりだして聞く」「あいづちを打つ」「適度に質問する」**といったことを心がけましょう。

話しやすい雰囲気をつくってしまえば、チームのまとめはとても楽になります。こちらの言うこともよく聞いてくれるようになり、注意などもしやすくなります。

トレースをするもうひとつのメリットは、振り返って説明することで、**本人の考えを整理し、気づきを与え、「自分自身で自分の行動を変える機会」を提供できる**ことです。

このような「面談」を繰り返すことで、そのメリットにメンバー自身が気づけば、「面談」の実施をメンバーの方から打診してくるようになるはずです。

面談の基本と「トレース」

面談
- トレース 「面談」時間の9割＝「聞く」時間
- アドバイス 「面談」時間の1割

「トレース」のコツ

- 相手が「面談」の主役と考える
- 「身を乗り出して聞く」＝「相手に関心を持つ」姿勢が大切
- 適度に「あいづちを打つ」
- 適度に「質問」を入れる

「トレース」とは

- 相手の話を「なぞる」こと

メンバー　「営業が急に『こっちを先に』と突っ込んで来るんじゃ、やってられませんよ」

チームリーダー「△△の加工の予定だったのでは」

メンバー　「そうなんですよ。『□□を先にして欲しい』って。段取りが狂ってしまって」

チームリーダー「□□の準備にどれくらいかかるんだ」

「トレース」の効用

- 相手を冷静にし、論理的にさせる
  - ・相手に考えを整理させ、気づきを与える
  - ・「自分自身で自分の行動を変える」機会を持たせることができる
  - ・チームの仕事が楽になる

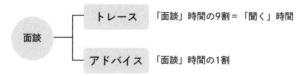

32 相談事に即答でアドバイスする必要はない

∨∨∨ 人を動かすコツ② [伝達] 編

前項で説明した通り、面談は相手の話を聞くことが基本ですが、当然、それだけですべての問題が解決されるわけではありません。

チームリーダーとしては、具体的な解決方法や気のきいた返答をしたいところです。

そこで、チームリーダーがとるべきもうひとつのアクションが、アドバイスです。この中には、指導や注意、その他のサポートも含まれます。

リーダー：「○○さん、例の阻害要因のリストアップと整理は進んでいる？」
メンバー：「いえ、それが、週明けに飛び込んできた××の業務に追われて、まだ手をつけずじまいです」
リーダー：「そうか、××の業務は待ったなしだからな。じゃあ、明日の午後に打ち合わせをしよう。それまでに、要因の候補だけ見られるようにしておいてよ」
メンバー：「わかりました。でも、××の業務の方はもう少しやり方があるように思うのですけど」
リーダー：「確かにそうかもしれない。今度、それも一緒に考えよう。○○さんの考えも聞かせてよ」

チームリーダーはメンバーからの質問や苦情、相談などに即答できればいいのですが、現実にはそうもいかないことの方が多いでしょう。

その際は、前項でも書いたように、すべてに即答する必要はありません。

その場合は「考えておく」「上司に相談しておく」「次回、一緒に考えよう」など、**まずは前向きな姿勢を示すことが大事**です。

「アドバイス」の必要性

「アドバイス」の必要性

- 「面談」の大半は「トレース」。でも「トレース」だけではすべては解決せず、「アドバイス」が必要。
- 「アドバイス」とは助言、指導、注意、その他のサポートのこと。

「アドバイス」は「面談」のハードルを上げる？

メンバーから抱えている問題の相談や
解決方法の質問に対して常に即答できるわけではない。

⬇

大切なのはメンバーが抱えている問題に対して
一緒に考える姿勢「即答はできないが放っておいているのではない」
という前向きな姿勢を見せるのが大切。

⬇

「難しい問題だな。考えておく。来週この件でもう一度面談しよう」
「少し時間をくれ、上司にも相談してみるよ」

33

人を動かすコツ② [伝達]編

指導のコツは「相手に合わせる」こと

ここでは「仕事の教え方」を取り上げます。

教え方の原則は「**相手に合わせて変える**」ことです。

そもそも、こちらが教えたつもりでも、教わる相手は少しも「学んでいない」ことはよくあること。そのときに「今度の新人は覚えがわるい」と愚痴を言っても新人が戦力になるわけではありません。

相手が教えを理解して身につけてこそ、教えたことになるわけです。

「相手に合わせて変える」原則には、大きく4つのレベルがあります。

①手本を示して、その通りマネさせる

②マニュアルを与えて、ポイントだけ教える

③どうしてそうするのか、なぜこれをするのか、原理や目的を示めして教える

④「教え方」を教える

この4つは相手のレベルで選びます。理解のレベルや習熟のレベルの順番ですので、相手が指導について来れないようなら、教え方のレベルを下げないといけません。

また、当然ですが、教える側が4つのレベルをマスターしていないと、選ぶことはできません。つまり、チームリーダーも新しい仕事などを教わるとき、指導者からこの4つのレベルを引き出すようにすることを心得ておきましょう。


「相手に合わせる」のは相手のレベルだけではありません。

指導のうまい人は、相手の性格や仕事のスタイル、仕事への姿勢などで、教え方を変えています。1つのやり方でメンバーがうまく育ったからといって、他のメンバーにもその方法が当てはまるとはかぎりません。

自分の指導の仕方を相手に押し付けるようなチームリーダーのもとでは、育つメンバーが限られてしまいます。チームリーダーは柔軟であることが求められます。

「指導」の原則

相手に合わせて教える

- 相手の理解度
- 相手の習熟度
- 相手の性格やクセ
- 相手の器用さや集中力
- 相手の考え方

} に合わせる

「指導」もコミュニケーションのひとつ

「教えたつもり」でも相手が身についていなければ、教えたことにならない。

たとえば、相手が理解できる言葉を使わないと相手は理解できない。

相手のレベルによって教えるレベルを変える

①仕事の全容や流れをまだ理解していない➡手本を示してマネさせる

②マニュアル等を読んで理解できる➡マニュアルを与えてポイントだけ教える

③理屈を理解し、自分で工夫できる➡原理や目的を示して教える

④仕事に習熟していて、他の人のレベルがわかる➡「教え方」を教える

34 教え方の「引き出し」を多く持とう

人を動かすコツ② [伝達] 編

昔の職人さんは、「オレの技を盗んで覚えろ」となかなか教えてくれませんでしたが、親方の技を見ながら自分で考えて身につけたスキルは値打ち物で、へこたれない根性と応用力も合わせて身につきました。そして、それについて来られる人が職人の技を継承できたわけです。

現在でも、そのような指導について行ける人がいないわけではないでしょうが、おそらくたくさんの離職者が出ることになるでしょう。

相手に合わせた指導をするには、相手の人柄や特性を見極めないといけません。そのためには、**よく観察すること**と、**できるだけさまざまな機会を与えること**です。いろいろなタイプの仕事を与えたり、深く話す機会を持ったりと、早いうちに試してみましょう。

教え方の「引き出し」を多く持つこと

「教え方」はひとつではない

覚えたいなら技を盗め → 教えてくれる会社を探す

相手に合わせた指導をするには

①相手を見極める

- 観察すること
- 機会を与えること
  - ・いろいろな仕事をやらせてみる
  - ・話を深める
  - ・発言の機会をつくる

②「引き出し」をたくさん持つ

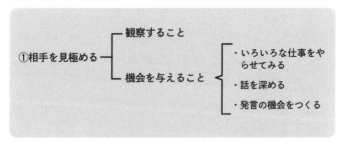

もうひとつ大事なことは、チームリーダーとして「引き出し」をたくさん持つことです。**このやり方でダメだったら、こっちのやり方を試してみるなど、相手に合う教え方をいろいろ持っておくことが大切**でしょう。

「引き出し」をたくさん持つには、自分の仕事のスタイルを見直すことも必要です。いつも行き当たりばったりで仕事をしている人は「引き出し」がなかなか増えません。

どのような仕事も、「**準備**」「**実行**」「**結果**」という流れで進みます。

行き当たりばったりの人は、この「準備」を重要視しない傾向があります。

たとえば、営業担当でしたら、お客様から商談の電話が入ったらとにかく飛んでいく人がいますが、動く前に少し考えてから行動しましょう。

「相手がどのような話を持ち出すのか」考えたり、「そう来たら準備しておくことは何か」など、いくつかの想定をした「準備」に時間を割くようにします。

人は必ず「実行」する前に、どのようにするか、イメージを持ちます。

これを「**プラン**」といいます。

この「プラン」を意識し、準備の時間を少し取って、プランどうしを比較したり、いつもと違うプランを立ててみたりしましょう。

これらは実際に実行しなくてもかまいませんので、まずはイメージをふくらませてみるのです。


同じ仕事でも状況や前提が変わったときに、いつもと違うプランを持っていることが役に立つことになります。

あえて複数の「プラン」をイメージする習慣が、「引き出し」を増やすことにつながるはずです。

「引き出し」を増やすコツ

「引き出し」とは
「これがダメならこっちで行こう」という柔軟性と応用力

仕事を「準備」「実行」「結果」というように
「段階」で捉える

↓

「準備」を充実させることを心がける

↓

さらに「準備」を「プラン」と捉える

↓

「プラン」を複数考える習慣を持つ

↓

「結果」を「検証（反省）」する習慣を持つ

↓

「検証」して「プラン」を修正、
変更したりして「プラン」を増やす

↓

これらを繰り返すことで「引き出し」が増える

35

人を動かすコツ② [伝達]編

「専門化」と「多能化」のどちらで育てるか

チームのメンバーを育成する方向には、大きく2つの考え方があります。ひとつは**専門化**で、もうひとつは**多能化**です。

どちらがいいかは、会社の方針、仕事の内容、メンバーの資質、企業を取り巻く状況などによって異なり、一概には言えません。

けれども、チームリーダーとしては、選択肢はつねに両方あること、また、両方の特性を知っておくことが大切です。また、両方の特性を知れば、専門化と多能化を使い分けするミックスも可能となります。

専門化とは、分野を絞って知識・技能を掘り下げていく人材育成のやり方を言います。**その分野のエキスパートをつくり、チームとしての成果がもっとも高まるよ**

うに、それぞれのエキスパートをマネジメントするわけです。

一般には複雑、高度な仕事に向いた育成方法です。

ただし、専門化の弱点は、ある分野のエキスパートが抜けるとたちまち全体が機能しなくなる恐れがあることです。抜けたエキスパートの代わりが難しくなります。

多能化とは、幅広くいろいろなことをこなせる人材を育てていくことです。**状況に応じて役割を入れ替えたりして、チームのパフォーマンスがもっとも高まるようにマネジメントする**ことになります。

仮に誰かが抜けても他のメンバーが代行できるので柔軟性は高くなります。

ただし、仕事の面白みを求める人には物足りなくなるでしょう。

メンバーを育成する方向

専門化か多能化か
あるいはミックスか

方向を決める要因

- チームリーダーの考え
- 会社の方針
- 仕事の特性
- 経営環境
- メンバーのタイプなど

メリットとデメリットを知っておく

専門化
- 高度な仕事に向いている
- 仕事を極めたい人に向いている
- そのメンバーが欠けたときに困る
- チームとして応用力が劣ることになる

多能化
- 定型的な仕事に向いている
- 幅広くさまざまなことをしたい人に向いている
- そのメンバーが欠けても他のメンバーが代行できる
- チームとして応用力が増す
- 仕事を極めたい人には物足りなくなる

36 「注意」も大事なコミュニケーション

人を動かすコツ② ［伝達］編

注意をすることも、大事なコミュニケーションのひとつです。

チームリーダーはチームの風通しをよくする努力をしないといけませんが、なかでも「ほめる」「注意する」「しかる」「励ます」「勇気づける」ことでメンバーが育ち、信頼関係が生まれます。

このうち、「注意する」「しかる」は原則、**できる限りその場ですぐに実行する**ことです。時間が経つほど効果は薄れてしまうためです。

とくにミスや規律違反をした場合などは、時間が経って指摘されても、本人は「何のことだったか」と思ったり、あいまいになりがちです。

ミスや規律違反を他の人の前で怒るのはどうかという意見がありますが、あくまで「注意する」「しかる」というのは、**事実を指摘するだけ**です。

ですから、その場では「それは間違い」「やってはいけないこと」を端的に指摘するだけです。

私たちは「しかる」ときに怒りをぶつけたり、「注意する」ときについ余計なことを言いがちですが、感情でしかったり、相手の人格や性格、能力、資質等を持ち出すと、本来伝えるべきことが相手に伝わらなくなります。

「注意する」「しかる」もこちらの要望を伝える手段のひとつですから、相手に伝わってこそ意味があります。

お互いがお互いに、率直に要望を伝えあうことができるチームづくりを目指しましょう。

「注意」の基本

■人を育てるには「ほめる」「しかる」「注意する」「励ます」「勇気づける」などが必要

「しかる」「注意する」ことでしか伝わらないことがある。

■「しかる」「注意する」はこちらからの「リクエスト(要望)」

相手に「リクエスト」を伝える手段のひとつ = 相手に伝わってこそ意味がある

↓

「リクエスト」は怒りの感情を先にぶつけると相手に届かない

↓

「行動」「振る舞い」「結果」を「しかる」= 率直に事実だけを指摘する

■私たちはつい余計なことを言いがち。結果、伝えるべきことが伝わらない。

×「まったくオレのミーティングを軽視している！」
○「ミーティングに連続2回遅刻した」

×「指示した提案書はまだか。いつまで待たせるんだ！」
○「金曜日に必要な提案書なので心配なのだ」

×「そもそも、だらしないからこうなるんだ！」
○「重要なプレゼンのための提案書だから心配なのだ」

×「大事な仕事だってことを理解しているのか！」
○「営業2課からもせっつかれて困っている」

■怒りのまま「しかる」のは自己満足でしかない

・反射的に怒らない。間を置いて頭を冷静にする
・「感情」は感情的に伝えないこと

37

人を動かすコツ③［戦力］編

ふだんからチームの「力量」を見極めよう

あなたのチームには、どれだけの「戦力」があるでしょうか。

戦力とは、チームとしてどれだけ「力量」があるかを指します。つまりチームリーダーは、つねに自分のチームが現時点において、**「何を」「どれくらい」できる力を持っているかを知っておく必要がある**ということです。

それを知らないと、チームとして仕事を受けることができなくなる、あるいは受けるための条件を提示することが難しくなります。

たとえば、「その製品を今月中に収めるには、派遣社員を一人補充して欲しい」「次の繁忙期の受注を乗り切るには、今から二人増やして育てておきたい」など、現在のチームの「力量」を把握しておかないと、上司や会社に要求や提案をすることもできません。

そのためにはメンバー一人ひとりの「力量」を見極めることがベースになります。**ふだんから、仕事の質、量、スピード、得意分野、苦手分野などを把握しておきたい**ものです。

繁忙期や緊急時など仕事がほんとうに切羽詰ったときには、余裕はありませんから、平時において、いろいろなタイプの仕事、急を要する仕事、量をさばかないとならない仕事などをやってもらい、「力量」を見極めることが大切です。

また、スキルや仕事のポテンシャルだけでなく、体調と心の状態、それに仕事へのかかわり方も頭に入れておく必要があります。

それにはメンバーとのふだんからのコミュニケーションがとても重要になります。

チームの力量を知る

作業分担型の仕事

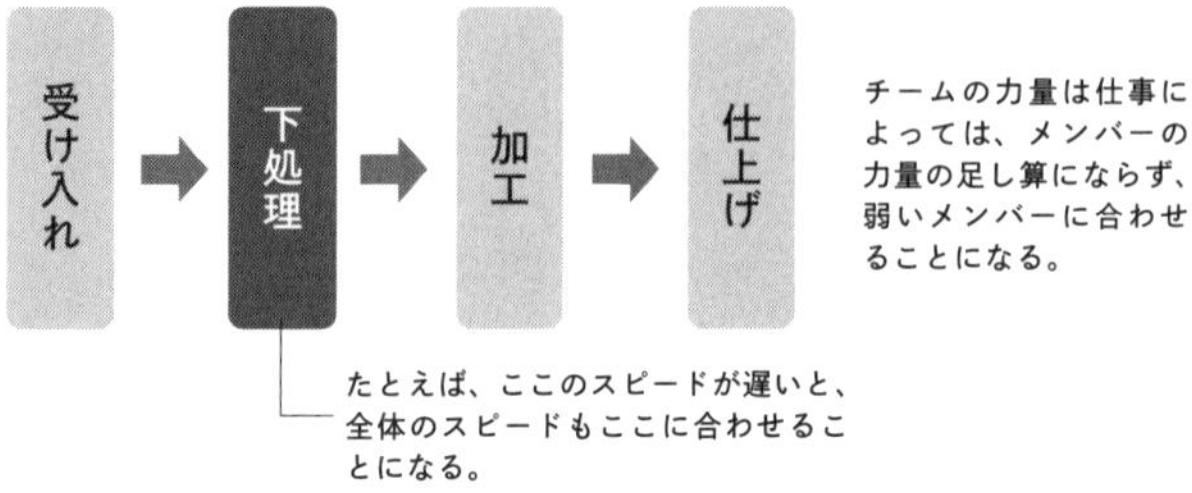
受け入れ
下処理
加工
仕上げ
チームの力量は仕事によっては、メンバーの力量の足し算にならず、弱いメンバーに合わせることになる。
たとえば、ここのスピードが遅いと、全体のスピードもここに合わせることになる。

メンバー各人のポテンシャルを100%発揮できるようにするために

- 得意分野をできるだけ任せる
  ➡各人の得意分野を知っておく
- 仕事の動機づけをおこなう
  ➡仕事の全体像、なぜこれをするか、説明をする
- 体調管理を促す
  ➡仕事の平準化など働きやすい職場づくりと自己管理の推進
- 安全管理の推進
  ➡基本遵守の推進
- 問題の抱え込みの回避
  ➡ふだんのコミュニケーションの推進

38 人を動かすコツ③［戦力］編 「仕事のポイントはどこにあるか？」を考える

メンバーのおおよその「力量」を把握することは、仕事をより深く理解することでもあります。

チームリーダーは、**つねに「その仕事のポイントはどこか？」を考える習慣を持つことが大切です。**

たとえば、どこでミスを起こしやすいか、どこをクリヤーしないと取り返しのつかないことになるか、といった急所となる箇所のことです。「仕事をより深く理解する」といっても、そこさえ押さえておけば、それほど難しくはないでしょう。

そうすることで、**「誰に何を任せるべきか」といった、仕事の割り振りが的確になります。**

余裕がある場合は、そのパートの経験がないメンバーに経験させて育成するなどの戦力アップを考えることも可能になります。

また、進捗の途中や完了時にどこをチェックすればいいかもわかるようになります。そうすると、チームリーダーがすべき仕事のチェックが効率よくなります。たとえば、仕事に取りかかる前のミーティングで「今回の仕事は、とくにここに注意するように」と注意喚起することもでき、仕事の管理が楽になるでしょう。

チームリーダーがチームの誰よりも仕事に精通することで、チームの「力量」はアップします。

ですから、**①仕事をよく観察すること、②仕事の流れを想像すること、③仕事の情報を仕入れておくこと**はチームリーダーの重要な役目になります。

その仕事のポイントはどこかを押さえる

①まずは大きく工程をつかんでポイントを押さえる

電話応対 → 要望の把握 → 連絡・確認・返答 → 受注処理 → チェック → 伝票発行

（要望の把握）ここを間違えると取り返しがつかなくなる

②各工程のポイントを押さえる

電話応対	要望の把握	連絡・確認・返答
相手先の確認	緊急度の把握	裏づけのある返答

③ポイント確認の実行

チームリーダー「○○さん、△△商事からの分は特注？」

メンバー「そうです。営業の××さんから返答してもらうよう連絡しました」

チームリーダー「急ぎなのかな。××さんまだ出張中だろ」

メンバー「至急、見積もりが欲しいとのことでしたが」

チームリーダー「わかった。××さんに確認しておくよ」

39

人を動かすコツ③【戦力】編

チームの戦力を上げるには

チームの戦力を上げるには、専門化と多能化の2つの方向があることをお伝えしました（122ページ参照）。

ただし、チームリーダーが「このようなチームにしたい」と考え、こういう人材が欲しいと思っても、思うようになることはまれです。チームリーダーにメンバーは選べないのがふつうです。

とはいえ、チームのあるべき姿を描くことは重要です。

前に「指導は相手に合わせることが基本」と書きましたが、チームの戦力アップもメンバーに合わせるのが原則なのです。メンバーに合わせながら、足らないところを育成したり、専門性を高めたり、多能化をはかったり、柔軟に対応して、あるべき姿に近づけることが求められます。

メンバーが抜けたり、あるいは仕事量に対して明らかに人員が不足している場合は、メンバーを補充し、戦力を高めることになります。

その場合に会社は、**チームがどれだけ業績に貢献しているか、人員と業績貢献度のバランスを見て、補充するかどうかの判断をします。**

人数に対して生産性が伴っていない、人を増やしても業績が伴う見込みが立たないと判断すれば、補充は却下されるでしょう。

メンバー補充の要望をしないのも、安易な補充の要請も、チームの「戦力」を把握できていないと会社は考えるでしょう。

いずれにせよ、**チームの現在の「戦力」と「チームをこのようにしたい」と考えていることは、いつでも説明できるようにしておきましょう。**

チームの現在の「戦力」と方向

部長　「最近君のチームは残業も少なくなったし、トラブルも減っている。処理スピードがずいぶんと上がったように思うが」

チームリーダー「一時は混乱していましたが、新しいシステムに慣れてきたのが大きいと思いますよ」

部長　「システム変更したのは成功だったわけだ」

チームリーダー「はじめは反対する者もいましたが。でも、いいことばかりではありません。以前は忙しいと言いながらも、その日のうちに出荷を終えるため、15:00 以降は全員が出荷作業に取り組んでいて、一体感がありました。今はスマートになった分、それぞれの作業をこなしているだけという雰囲気になっています」

部長　「それもいいように思うが。こういうチームにしたいという思いがあるのかな」

チームリーダー「チーム全員でひとつのことを成し遂げているような、もっと一体感と充実感のあるチームにしたいですね」

部長　「ぜひ頼みたいね。でも、他にも課題があるのでは。○○さんはピッキングのエキスパートだが、何かで休んだりしたら、とたんにチーム全体がまわらなくなるのでは」

チームリーダー「そうなんです。代われる人がいなくて」

部長　「作業効率が上がった分、多能工化や指導の時間もつくれそうだし、チームの一体感につながるのでは」

チームリーダー「確かにそうですね。次の目標にしたいと思います」

第3章

チームの士気が高まる「目標管理」

40 「目標管理」というツールを取り入れよう

「目標管理」は、チーム運営のための有効な仕組みです。

目標管理を採用している会社では、チームリーダーはその仕組みを有力な管理ツールとして大いに活用しましょう。

ただし、各社で目標管理の方法やシステムは異なるため、自社の方式がどのように運用されているかを把握することが重要です。

目標管理をまだ実践していない会社にいるチームリーダーも安心してください。

目標管理の基本的な考え方は、チームを率いるために非常に役立ちます。この点を理解し、自分のチームで独自に試してみるのもいいでしょう。

「目標管理」は決して難解な仕組みではありません。

新たな期が始まるときに各自の目標を設定し、その目標を達成するために必要な行動を考え、それを実行します。そしてその期が終わるときには、結果を確認し、それを次の目標設定に反映させます。

このサイクルを継続的におこなうのです。

設定した目標は、会社全体が認める公式のものであり、達成を目指すべきものです。ですから、目標が直接的に日々の業務に関連しているかどうかにかかわらず、目標達成に向けて日々の業務を管理することが重要です。

つまり、**「目標管理」とは、「目標を持ち、それに向けてすべての業務をやり繰りしつつ進めること」**を意味します。

逆に言えば、そのような目標を設定することが重要と言えます。

マネジメント・ツールとしての「仕組み」を活用する

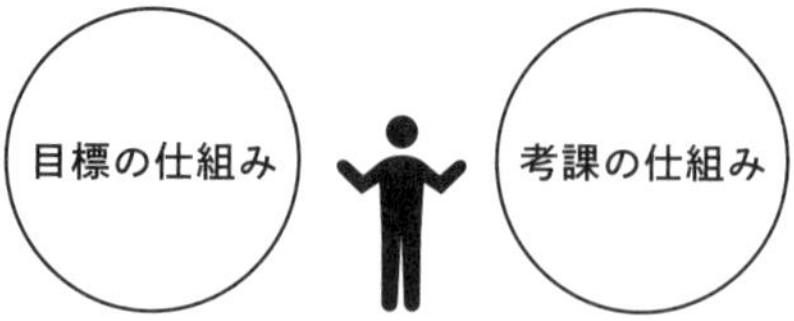

「目標管理」は単純な仕組み

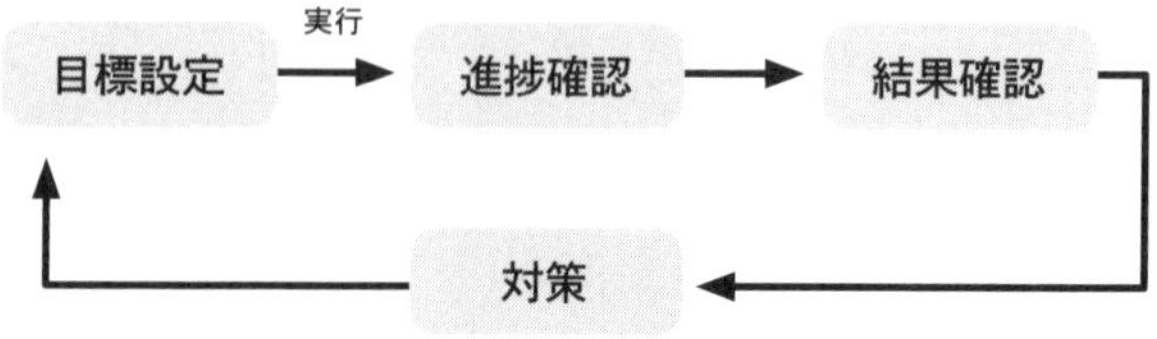

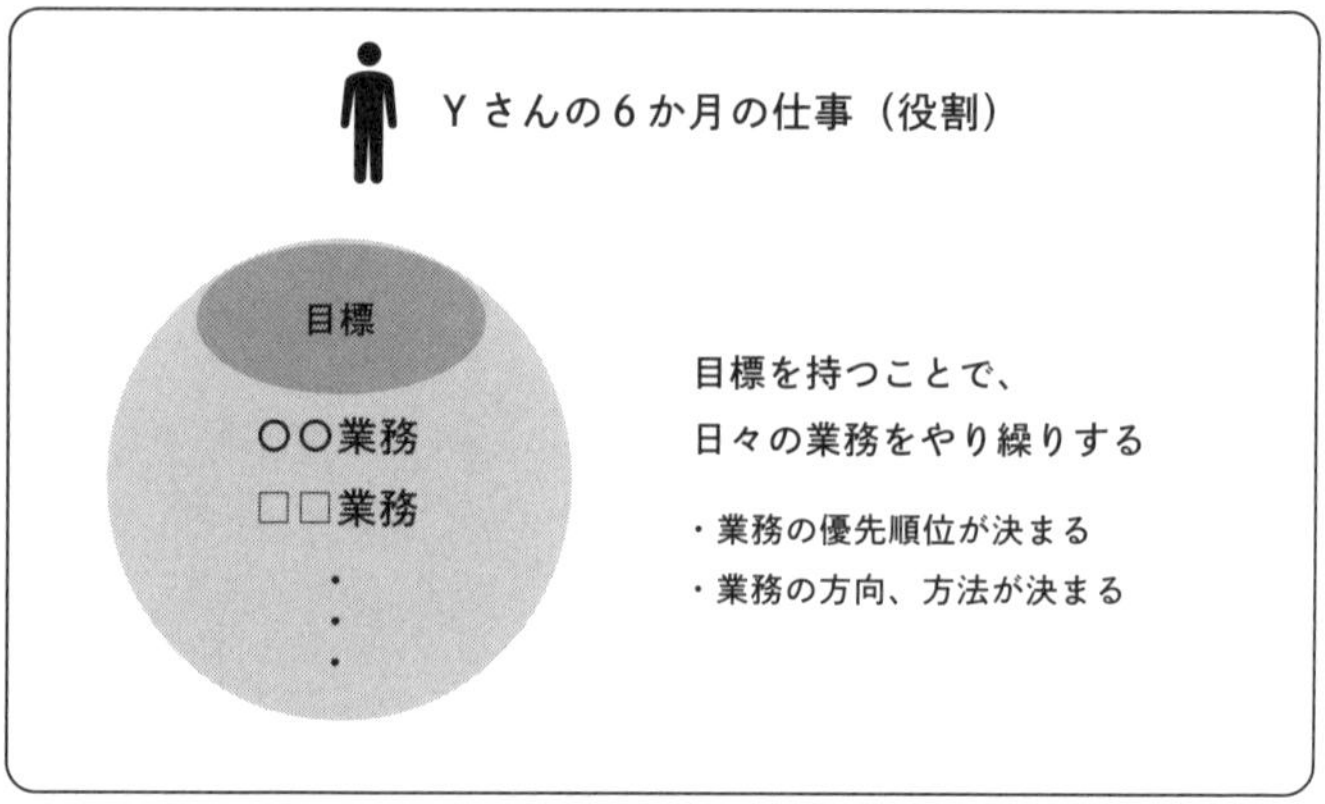

41 「目標」は、すぐさま行動や心構えに影響を与える

道をふさいでいる大きな岩が、あなたのチームが目指す山の頂上へと進むための障害となっています。チーム全体で力を合わせて岩を動かそうと決め、2本のロープを岩にかけて引っ張ることにします。

しかし、どれだけ力を込めても、岩は微動だにしません。メンバー全員が全力を尽くしていることは明らかで、誰も手を抜いているわけではありません。

一体なぜなのでしょうか。

よく見てみると、一組のメンバーが左側から、もう一組が右側から引っ張っています。つまり、二手に分かれたメンバーが互いに引っ張り合っているため、岩は動かなかったわけです。

これはひとつのたとえ話ですが、会社という組織の中でも同じようなことが起こることがあります。それは、人が集まって、役割分担し、ひとつのことを成し遂げているからです。

この「岩」を業務上の課題や障害と見なすと、より理解しやすくなるでしょう。

そこで、あなたは全体を見渡す立場から、全員が右側から同時に引くように指示を出します。これによって、ようやく岩が動き出し、チームは目指す頂上へと進むことができました。

言うまでもなく、チームはひとつの目標に向かって力を結集しなければなりません。**チームリーダーとしては、全体を見渡し、各メンバーが力を集中できるように目標設定をおこなうことが求められます。**

メンバーが自分の「目標」を持つことで何が変わるのか、それがチームにどのような影響を及ぼすのか、それについて考えてみましょう。

「目標」は力を集中させる

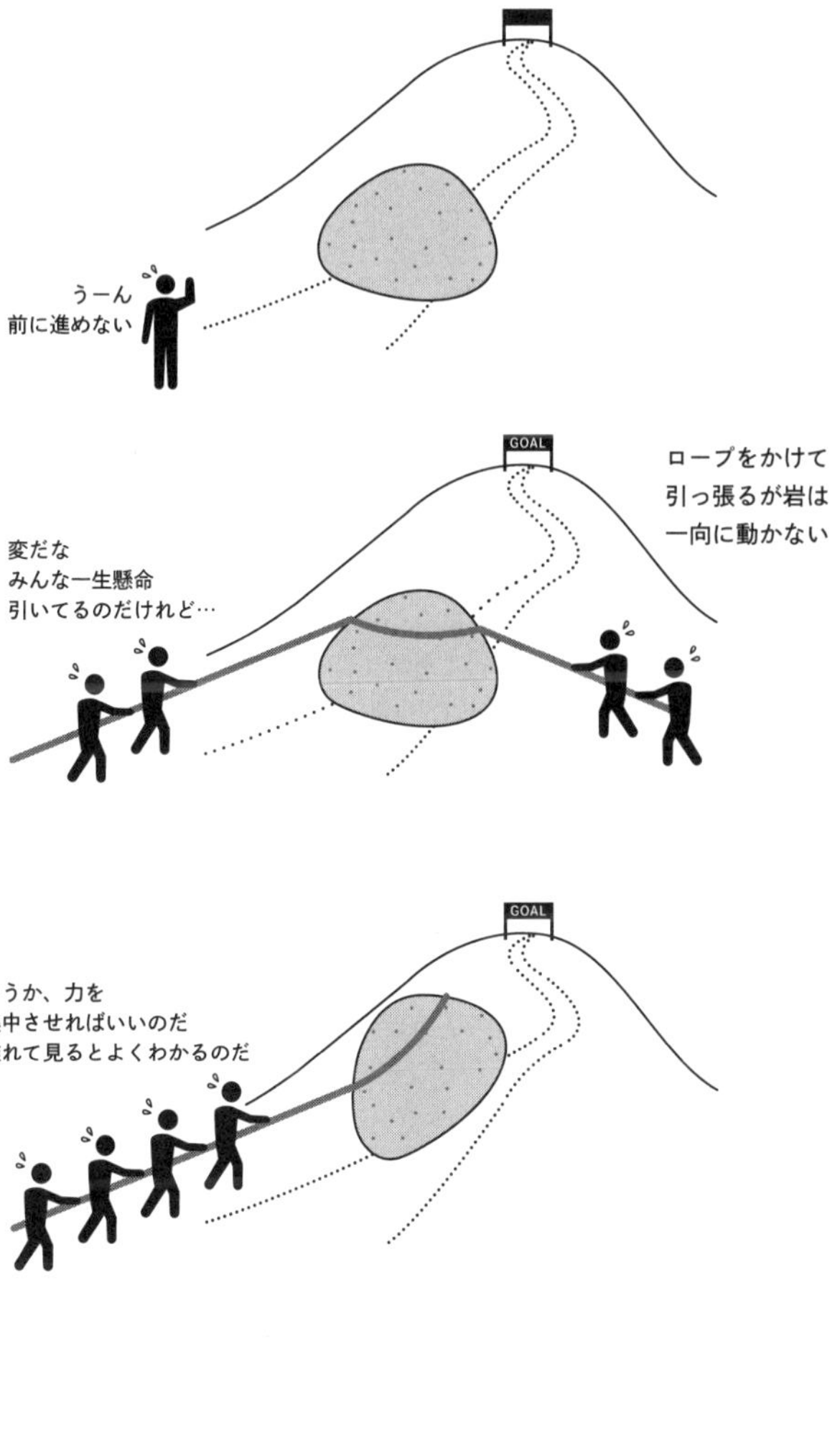
うーん
前に進めない
GOAL
ロープをかけて
引っ張るが岩は
一向に動かない
変だな
みんな一生懸命
引いてるのだけれど…
GOAL
そうか、力を
集中させればいいのだ
離れて見るとよくわかるのだ

たとえば、あなたが「山の頂上を目指す」という「目標」を立てたとしましょう。最初に近くの「裏山」を目指すことにします。「今日はいい天気だし、弁当でも買って登ってみようかな」と、リラックスした気持ちで、適当な靴でも履いて出かけるでしょう。

しかし、もし目標が「裏山」ではなく、「富士山」だったらどうでしょう。「明日にでも登ろうかな、でも準備が必要だな。靴はこれで大丈夫かな。山頂は寒そうだから、上着もリュックに入れておこう。明日の現地の天気はどうなんだろう。山上では天気が急に変わるらしいから、雨具も必要だな……」などと、前もって考え入念な準備をするはずです。

このように、**どのような目標を持つかによって、あなたの行動は大きく変わる**のです。もちろんそれは、行動だけでなく、心構えにも影響を及ぼします。

どちらの場合も、山に登る前の段階、それどころか**目標を立てたその瞬間から、行動や心構えに大きな影響を与えます。**目標とは、それだけ大切なものなのです。

「目標」は行動を変える

GOAL
天候もいいし
これから裏山に登ろう
コンビニで
おにぎりでも買って行くか
天気もいいし、
これから富士山に
登ろうというわけには
いかない…
これで大丈夫かな
登るのは来月だけど
ランニングぐらいして
体力をつけておこう

42 「面談」の大事な役割と活用法

「目標管理」の仕組みは難しいものではありません。期首に自分の目標を設定し、中間で進捗を確認し、期末に結果を確認するというサイクルを繰り返すものですが、そこにもうひとつ、「上司」というファクターが加わります。

目標は、「自分の目標」であると同時に、上司と共有するものでもあります。上司との共有は、通常、形式的には「面談」でおこないます。

目標の「面談」には次のように大きく3つの場面があります。

①目標設定の面談
②進捗確認の面談
③結果確認の面談

3つの「面談」

自己の目標管理に上司というファクター（要素）が加わる

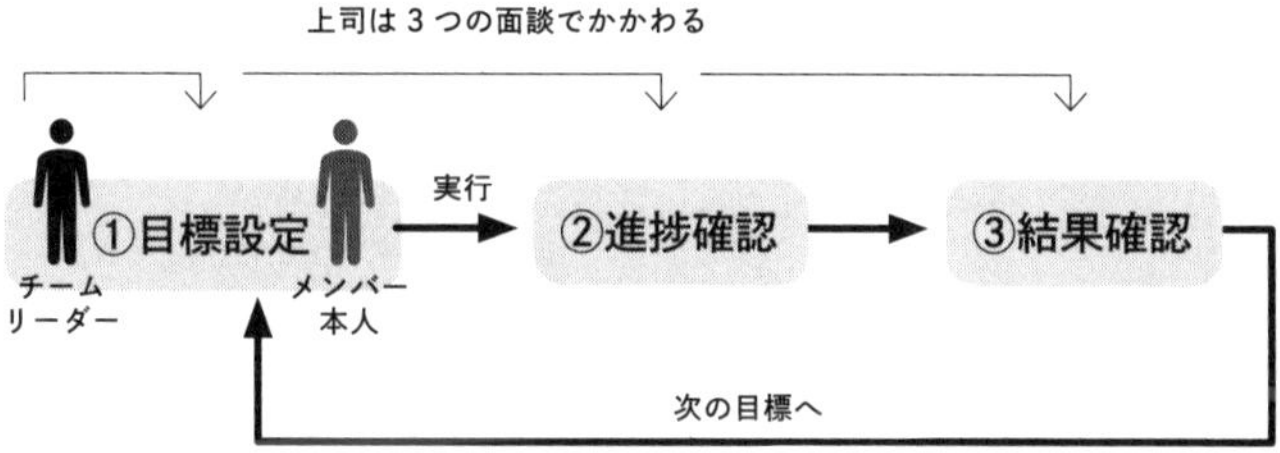
上司は3つの面談でかかわる
①目標設定
チーム
リーダー
メンバー
本人
実行
②進捗確認
③結果確認
次の目標へ

上司は「面談」というかたちで
本人の「目標による管理」にかかわる

上司と本人との「目標管理」は
「目標設定」から始まる

この中で、もっとも重要でハードルが高いのが、「目標設定の面談」です。

ここをうまくこなさないと「目標管理」は進まないか、進んでも失敗が目に見えるようなものになってしまいかねません。

まずは、チームの力を集中させるために、チームの方針に沿った目標を設定してもらうこととなります。

では、そもそも「面談」とは何でしょうか。かたちは確かに「面談」ですが、そこでおこなう中身をここでは「レビュー」と呼ぶことにします。そして、「レビュー」を次のように定義します。すると、チームリーダーが「レビュー」ですることは大きく2つになります。

レビュー（面談）＝①トレース（なぞる）／②アドバイス（支援・指導する）

ひとつは「トレース」です。

「トレース」は、本人の考えや行動をなぞることを言い、これが「面談」時間の大半となります。そして、なぞるためには、本人から説明を聞かないとなりません。

つまり、**面談の時間のほとんどが「メンバーからの話を聞く時間」**なわけです。

したがって、面談は誰にでもできるチームリーダーの強力なツールと言えます。


もうひとつは「アドバイス」です。

そもそも、本人からの話を聞いてばかりで「目標」が進むわけではありません。当然、問題や障害に対しては提案や意見、指導などの「アドバイス」が必要になります。けれども、気のきいたことをその場で返すのは難しいものです。その場合は「私も少し考えてみる。来週もう一度、面談しよう。」と言えばいいわけです。

「アドバイス」で大切なのは、本人と一緒に考える姿勢を見せることです。


チームリーダーにとって、「目標管理」は、定期的におおやけに面談をおこなうことができる強力な「コミュニケーション・ツール」でもあります。

この面談の機会は大いに活用したいものです。

かたちは「面談」、中身は「レビュー」

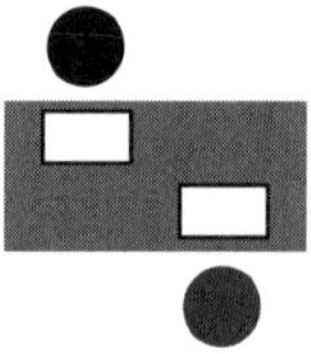

メンバーに
話してもらうには
真正面に座らず
やや斜めに向き合う

できるだけ会話に
集中できる場所がよい

「レビュー」を定義する

英語の「Review」で「Revue」ではない

レビュー

- **トレース**（なぞる）：話を聞く（面談の時間の９割くらいのつもりで）
- **アドバイス**（支援・指導する）：本人と一緒に考える姿勢が大事

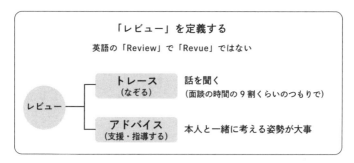

43 「目標設定」における3つの確認と達成レベル

目標設定の面談でも、「レビュー」を活用します。

本人が目標を設定してきたら、まずは、どのように考えてそのような目標になったのか、「トレース」する必要があります。

こちらから目標を示す場合も、本人がほんとうに理解したかをトレースします。

いずれにせよ、本人の考えや意見を聞くことが大切です。

あくまでも目標は本人が取り組む、本人自身の目標ですから、**本人が理解しなければ目標は達成されない**からです。

目標設定で必ず確認するべきことは次の3つで、確認によって「共有」がはかれることになります。

①方向の確認

②　**達成レベルの確認**
③　**達成方法の確認**

この中で、もっとも重要なのが「方向の確認」です。

「目標の方向」、つまり「何に取り組むか」が間違っていなければ、メンバーの行動は必ずチームの成果につながります。

一方で「方向」を間違うと、たとえ目標を達成したとしても、チームの貢献につながらないどころか、マイナスになる可能性さえあるのでここはしっかりチェックしましょう。

次に、目標設定における「達成レベルの確認」についてです。

これは、**「どこまですれば、達成したと言えるか」を確認し、本人とチームリーダーとで「共有」する**ことです。

共有するためには、「達成レベル」ができるだけ具体的であることが必要です。

抽象的なレベル、わかりにくいレベルでは達成されにくい、達成感を持ちにくくな

「目標」は自分で設定する

「目標」はメンバー自身の「目標」ですから、当然自分で設定するものです。
チームリーダーはそれができるようにサポートします。
したがって「トレース」が大事なわけです。

けれども「目標」は何でもいいというわけではない

「目標設定」の３つの確認

①方向（何をどうする）
②達成レベル（どこまで、どれくらい）
③達成方法（どうやって）

チームリーダーはチームの力を集中させなければなりません。
そのためには「方向」を間違わないことです。
「目標設定」では「方向」の理解を深め、時間を取りましょう。

るからです。

本人が提示した「達成レベル」を具体的にするレビューを通じて、わかりやすくするのもチームリーダーの仕事です。そのために、**チームリーダーとして「ここまでやって欲しい」という達成レベルをしっかりと持って「面談」する**ことが基本です。

チームの目標を直接にブレイクダウンした目標の場合は、「達成レベル」はあらかじめ決まってしまいますが、それにあまり固執すると、やる気をなくすことになりかねません。

本人が提示した達成レベルが「低すぎる」、あるいは「高すぎる」ケースを除いて、**本人が「達成しよう」という気持ちになれるレベルとすり合わせる**ことも必要です。

チームリーダーの役割はあくまでチーム目標を達成すること、あるいはチームの成果を最大限にすることです。

そのためには、メンバーの力を最大限に引き出すことが求められ、やり繰りするツールとして「目標管理」を使っていることを忘れないことです。

「達成レベル」は必ず具体化し、すり合わせる

「達成レベル」は
「どこまですれば目標を達成したと言えるか」
を決める

「達成レベル」を具体的にする

抽象的なもの、あいまいなものは達成されにくい

新人のレベルを上げる → 6か月後に、電話での受け答えを独力で7割まで返答できるようにする

「達成レベル」をすり合わせる

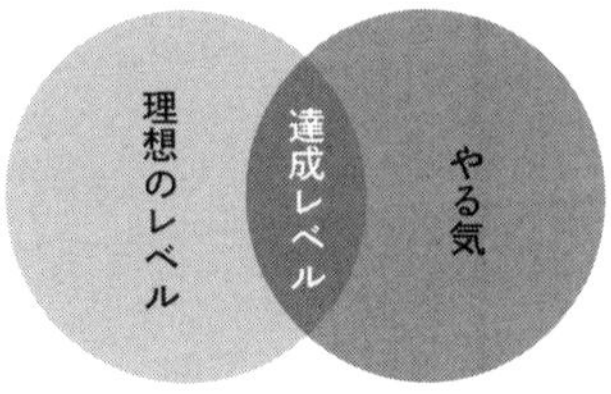

44 目標達成レベルの3つの表し方

目標の達成レベルは、期日までに「どこまで」または「どれくらい」といったことを表します。基準は、原則として次の三つがあります。

① 数値基準
② 期日基準
③ 状態基準

チームリーダーとメンバーで共有する、あるいは会社としてオフィシャルに共有するためには、やはり数値や期日が明確で納得性も高く、説得力もあるでしょう。

しかし一方で、目標項目によっては数値や期日で表しにくいものもたくさんあります。

たとえば、「倉庫を整理する」というような場合、達成レベルは「その期間または期日にどのような状態になっていればいいか」というような設定をすることになります。

表記としては「指定の場所にモノがきちっと収められている」「誰が見ても一目瞭然ですぐに取り出せる」「先入先出ができている」「数量が見て判別できる」「清掃が行きとどき、通路が確保されている」など、目指す要件を状態で表すのが適切です。またこの要件はひとつではなく、通常は複数になることが多いでしょう。

「達成レベル」には３つの表し方がある

①数値基準

例）

受注高550万円を達成する…積上型

6か月平均して月３件提案する…平均型

②期日基準

例）

×月×日までにＡ倉庫を空にする

③状態基準

例）

目標項目：Ｂ倉庫の整理

達成基準：×月×日以降、次の状態になっていること

- 始業時にゴミが落ちていない
- 人が歩く通路が確保されている
- どこに何があるか、誰でもわかるようになっている
- 日々使うものが取りやすい場所にある
- 安全な積み方がなされている

「数値基準」「期日基準」がわかりやすく、
明確になるがこだわる必要はない

45 目標達成の方法は、目標設定時に考える

目標達成を確かなものにするためには、どうしたらいいのでしょうか。

そのためにやるべきなのが、決められた期間で「達成レベル」に到達するまでに、**「何を」「いつ」「どうするか」を工程にすること**です。

この工程が抽象的であったり、現実的なものでなければ、「達成レベル」は「絵に描いた餅」になってしまいかねません。

したがって、**目標の方向「何を」、達成レベル「どこまで」、達成方法「どうやって」までが、「目標設定」のセット項目**と言えます。この3つがそろって、「目標設定」が決定したことになります。

「達成方法」を工程化する手順は、実行するべき項目を羅列し、各項目をスケジュール化します。実行するべき項目をどれだけ具体的に書き出せるかで、本人が自身の

目標をどこまで理解できているかがわかります。

先が読みづらい、手段がはっきりしない、不確定な要素が多すぎるなどで、「達成方法」が描けない、書きづらい目標は達成が困難である場合が多いでしょう。

それでも、「達成方法」をできるだけ書かせるようにします。想定、仮定でかまいません。必要に応じてアドバイスもしましょう。

また、あいまいな達成方法は、はっきりしてきた時点で書き直すようにします。「達成方法」は途中で何度でも書き直してかまわないのです。

「達成方法」は「達成レベル」に到達するまでの工程表

例）目標項目：新規開拓

達成基準：6か月後に3件口座開設（前期アプローチ分も含む）

「達成方法」の考え方

①実行する項目を書き出す（ランダムで構わない）

- アプローチ先情報の入手
- アプローチ先リストの作成
- 電話・メール・訪問計画の作成
- 電話・メール・訪問の実行
- アプローチ資料の作成

②スケジュール化する

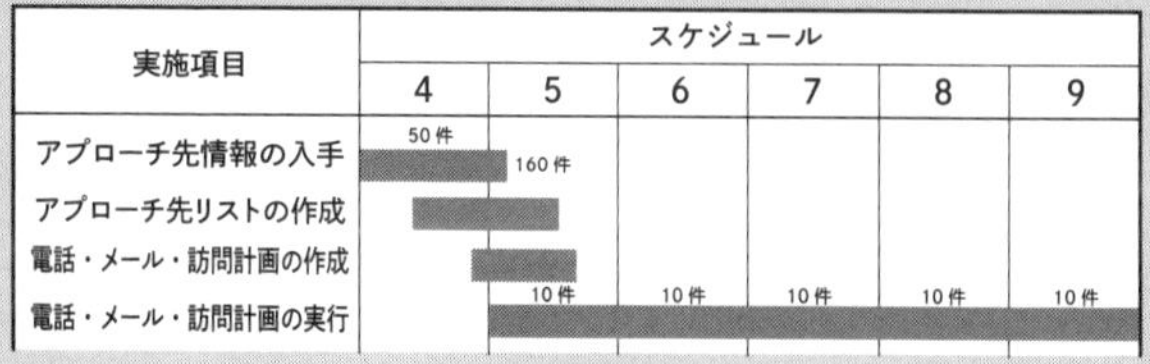
実施項目
スケジュール
4
5
6
7
8
9
アプローチ先情報の入手
50件
160件
アプローチ先リストの作成
電話・メール・訪問計画の作成
電話・メール・訪問計画の実行
10件
10件
10件
10件
10件

「実施項目」がはっきりしない、具体的でない目標は達成が難しい

「スケジュール」が書けない、はっきりしない目標は達成が難しい

46

目標設定ができないメンバーにはどうするか

目標設定は、「方向」「達成レベル」「達成方法」を設定することですが、多くの目標管理の書籍には「自分で設定するもの」と書かれています。

「目標」によって、自分の行動、自分の仕事をマネジメントするのですから、それは当然なのですが、そうは言っても現実には「目標が書けない」「どのような目標を持てばよいのかわからない」という人が多いのが事実でしょう。

でも、目標管理は「目標」を設定しないと何も始まらない制度ですから、チームリーダーとしては何としてでも、メンバーに「目標」を設定してもらわないとなりません。

何も書かれていない目標シートを持参したメンバーと面談する場合、「レビュー」のトレースとアドバイスの機能をフル活用します。ここはチームリーダーの腕の見せどころとなります。

手順はこうです。

まずトレースで**本人の考えていることを引き出します**。「チームの目標についてどう思うか？」「チームの課題はなんだと思うか？」「それは、どうすれば少しでも改善するか？」「何かできることはあるか？」「今、たいへんと思っていることは何か？」「今、困っていることは何か？」「解消する方法はあるか？」「やりたいことは何かあるか？」など、質問することで、本人の「目標」につながるものが見えてきます。

あとは、**若干のアイデアやヒントでアドバイスするだけ**です。

何よりも、本人の「目標設定」について、一緒に考える姿勢が大切です。

目標は自分で設定するもの

でも白紙じゃスタートできないし、
上司が与えたのでは自分の「目標」にならない

質問をして考えを引き出したり、やり繰りして一緒に考える姿勢を見せれば、与えたような「目標」も理解を深め、自分の「目標」になっていく

「目標設定」を引き出す質問の例

「チームの目標について、どう考えているかな？」

「チームの目標を達成するのに障害は何かな？」

「チームの目標でできることは何かあるかな？」

「現状のチームの課題は何だと思う？」

「チームの課題が○○だとすると、どうすればいいかな？」

「チームの課題を改善する方法について、○○さんができることは何かあるかな？」

「今、困っていること、面倒なことは何かな？」

「今、困っていることを少しでも解消する手立てはあるかな？」

「今、一番やってみたいことは何かな？」

47 「進捗確認」はできるだけ早くおこなうこと

「目標設定」で目標の成否が決まると言っても過言ではありませんが、目標設定を終えて、「やれやれ」と思っていると、またたく間に目標期間が終わってしまうものです。

チームリーダーの役目はメンバーの「目標」を達成する、少しでも進めることです。したがって、チームリーダーにとって、「進捗確認」は目標設定の次に大事なものです。

ポイントは、**目標設定のあと、できるだけ早く「進捗確認」をするようにする**ことです。具体的には、「目標はどこまで進んでいるか」を本人から聞き出します。

「目標」の障害はいろいろ起こります。

そもそも、**仕事はたいていスケジュール通りにいかないもの**です。現実には本人から往々にして次のような返答が返ってきたりします。

「いやあ、新しい仕事が入って、あれから進んでいません」「今月納品の仕事のトラブルで、まだ取りかかっていません」など、「目標」が進まない理由はいくらでもあるようです。

一方で、部下の目標達成率の高い上司は、早めに、こまめに「進捗確認」をおこなっています。

たとえば「**じゃあ、来週の月曜の午後に再面談するから、そのときまでに○○まで進めておいてくれる**」などとやりとりをすることで、目標は確実に進捗することになります。

「目標設定」の次に「進捗確認」が大切

「進捗確認」の面談で

ア）「目標」に取りかかっているかどうかがわかる

イ）「目標」の方向が合っているかどうかがわかる

ウ）「目標」の理解度がわかる

エ）「目標」を進めることができる

オ）「目標設定」の不備を是正できる

「進捗確認」の面談はできるだけ早い時期に１回目をする。何度やっても構わない。

「目標管理」の目的は「目標」を達成すること。

「目標」が進まない理由はいくらでもある。

チームリーダー「目標はどうかな。スケジュール通り進んでいるかな」

メンバー「すみません、先週急ぎの件が入って、まだ手をつけていません」

チームリーダー「××商事の仕事か。遅れるわけにはいかないからな。いつごろめどが立つかな」

メンバー「今週中にはなんとか」

チームリーダー「じゃあ、来週火曜日の２時に再面談しよう。そのときまでに、○○まで進められるかな」

メンバー「わかりました。なんとかやってみます」

48 「結果確認」には3つの役割がある

その目標の期間が終わると、「結果確認」の面談をします。

「結果確認」の面談には次のように3つの役割があります。

① 結果の事実の共有

② 結果の評価の共有

③ 次の目標につながる内容の共有

「共有」の具体的な行為が**確認**です。本人の口から聞き出すことが大切です。

その際、チームリーダーがまとめてしまってはいけません。

ここでも、面談の中身が「レビュー」で、レビューの大半が「トレース」、トレースのほとんどが「本人からの説明を聞くこと」という原則を忘れないようにします。

目標に対する結果（事実としての結果）は必ずひとつになります。まずはその「事実としての結果」を共有しないとなりません。

一方で事実の「評価」は見方の違いが出ます。

「評価」は、まず「達成」か「未達成」かを確認したうえで、「達成」の場合は「期待通り」か「期待以上」かを、「未達成」の場合は「やるべきことはやった」のか、「やるべきことをしなかった」のかを判定します。

ここはチームリーダーがリードしなければいけないところです。

「結果確認」の面談には 3 つの役目がある

①結果の事実の共有

チームリーダー「今期、指定商品の受注件数は結局 5 件で惜しかったが目標には 1 件足らずだ」

メンバー「M 工業の 2 件は OK をほぼもらっていますが」

チームリーダー「よく頑張ったが、M 工業のはまだ確定していない。確定しても来期の分だ」

メンバー「わかりました。来期には確実になるようにします」

②結果の評価の共有

メンバー「改善提案は毎月 1 件、合計 6 件提出しました。目標は 6 件ですから、なんとか達成できたと思います」

チームリーダー「5 月に提出してもらった、前期から継続の作業マニュアルはよくできていた。課長の評価も高いし、名古屋の営業所ではすでに活用している。内容を加味して、結果評価は期待以上だ」

③次の目標につながる内容の共有

チームリーダー「A 店舗の整理の目標は 6 つの達成要件のうち、4 つはクリアしたが、誰でもわかる表示とデッドストック品の仕訳は不十分だった」

メンバー「次の目標は B 倉庫を改善する予定でしたが」

チームリーダー「いや A 倉庫をやりあげてしまいたい。A 倉庫の整理の目標は未達の 2 項目のクリアと済んだ 4 項目を継続維持でどうだ」

49 PDCAをまわす「結果確認」

目標は期間で区切られていますが、それは便宜上であって、仕事ですから実際は連続してつながったものが多いはずです。

期間が終われば、これまでの目標をすっかり忘れてしまう人がいますが、それまでの目標をいったんリセットするかどうかも含めて、**次の目標設定へ関連づけること、引きずることが大切**です。

検討するパターンとしては次の３つです。

① これはできたけれども、これはできていないなどの「目標」の積み残しをトライするかどうか
② 未達の再チャレンジをするかどうか
③ 「目標」に区切りをつけ、まったく新しい「目標」を設定するかどうか

目標管理は、目標を立て（Plan）、実行し（Do）、結果を検討し（Check）、対策を立てて（Action）、また**次の目標（Plan）**へつなげるという、ＰＤＣＡを確実にまわしてくれる制度です。

目標管理は、メンバーに仕事をＰＤＣＡで動かすことを習慣づける、もっとも有効なツールです。メンバーにＰＤＣＡが身につけば、チームのマネジメントは格段にやりやすくなるでしょう。

そのためには、「結果」の評価ばかりにとらわれすぎず、「次の目標」へつなげることを意識して活用することです。

「目標管理」は仕事のマネジメントサイクルPDCAをまわす制度

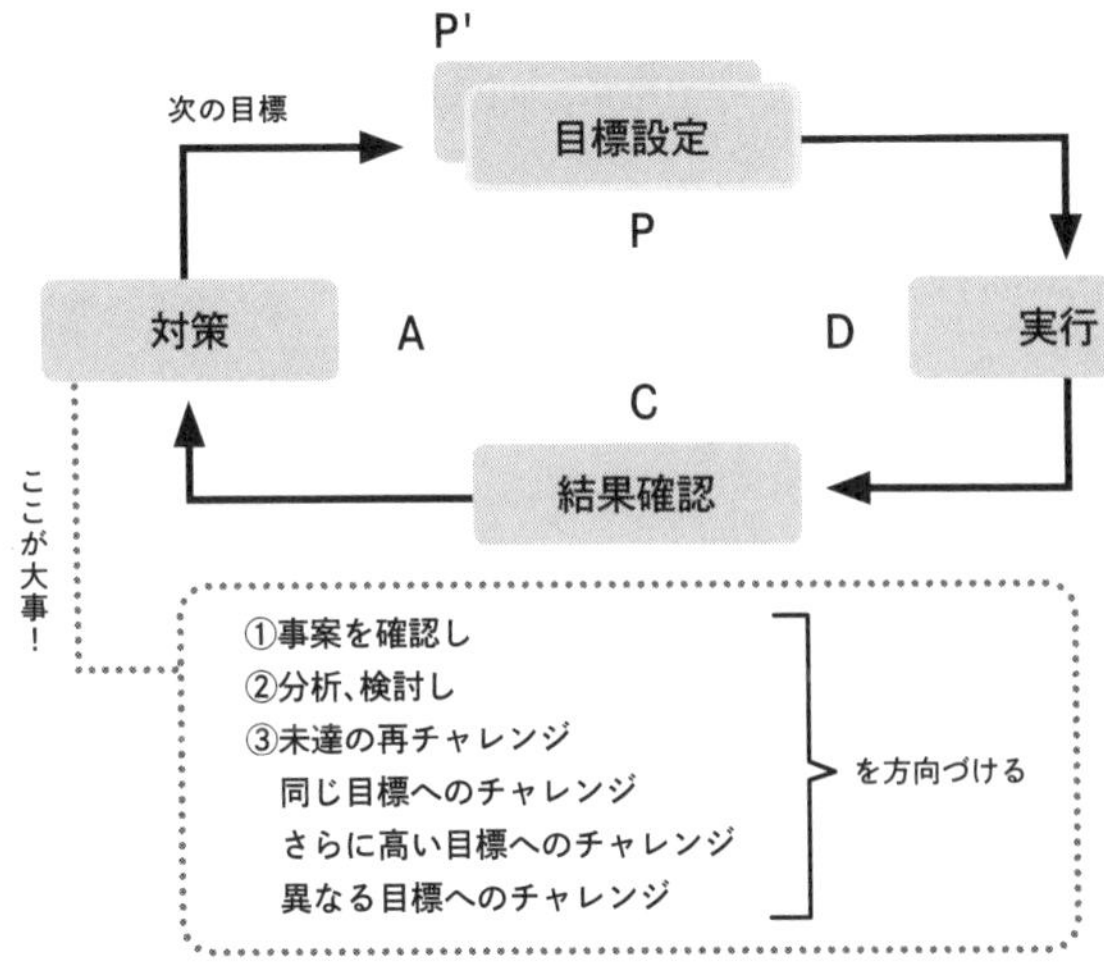

PDCAを小さくすれば、速くまわる

めまぐるしく変わる状況の変化に対応するにはPDCAを小さくする

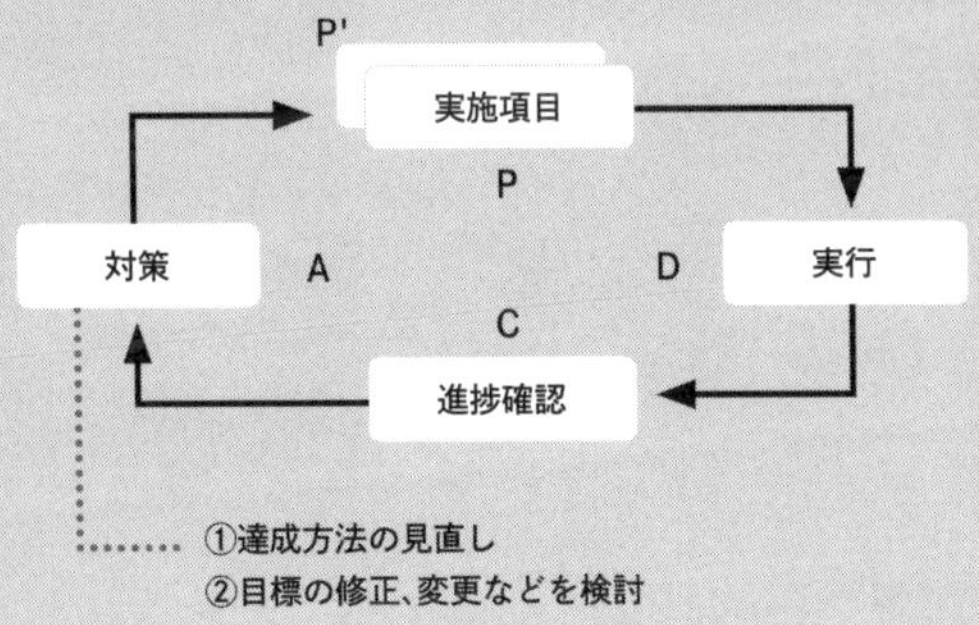

50 独自に「目標管理」を導入する方法

「目標管理」を導入していない会社でも、チームリーダーにとって、目標管理の考え方はチームをまとめる強力なツールとなります。とくに、チームに課せられた役割や課題が明確な場合はその威力を発揮することでしょう。

チームリーダーが独自に「目標管理」をおこなう場合は、次のような手順で導入します。

1：「目標管理シート」を用意する

これから示す内容をベースに、チームとして使いやすい、各メンバー共通のフォームを作成します。最初は手探りになるので、「目標管理」を進める中で修正するようにします。

メンバーの「目標」の数は、1つもしくは2つまでにしましょう。「目標」を考え出すとたくさん設定したくなりますが、多いと管理が煩雑になり続かなくなってしまうので注意します。

2：チームの目標を設定する

チームに課せられた役割や課題、特命事項などがあれば、おのずと明確になります。とくになくても、短期的、長期的な課題はあるはずです。チームの目標を入念に検討しましょう。

設定する期間は、会社の決算期間に合わせて、6か月ごともしくは1年を原則とします。

チームでおこなう「目標管理」

目標シート

期間　　年　月　日～　　年　月　日

氏名		所属		勤続		役職		等級		面談者	

1. 会社方針／目標とチームの役割	2. チームの目標	3. 本人の主な担当業務	4. チームリーダーからの期待
会社方針／目標 チームの役割		1 2 3 4 5	

	目標項目 （何を）	達成レベル （どれくらい）	達成方法とスケジュール 実施項目		進捗管理 月　日	達成結果
目標Ⅰ						
目標Ⅱ						

「チーム目標」の設定例

1. 会社方針／目標とチームの役割	2. チーム目標
会社方針／目標 売上〇〇〇円達成とQCDによる顧客満足との両立 チームの役割 正確でスピーディな受注処理 信頼を損なわない応答 タイムリーで確実な連絡 による営業フォローによる短期・長期の業績貢献	営業サポート（タイムリーな連絡、代行応答、見積等フォロー）による貢献受注金額〇〇〇円の達成 （ただし、ミスによる失注はマイナスする）

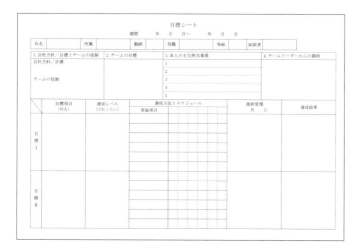

3：メンバー本人の主な担当業務（役割）を記述する

対象期間に予定している本人の「主な担当業務」を5つくらい箇条書きで書き出しておきます。「主な担当業務」は、時間的ウェイトの大きいものから並べます。

本人は自身の担当業務を通じて、チーム目標達成に貢献することになります。また、同時に自身の目標達成のために「担当業務」をやり繰りしないとなりません。「目標」と「主な担当業務」とはそのような関係になります。

4：本人の目標項目「何を」を設定する

目標の種類は実際には重複することがありますが、主に4つあります。

①チームの目標をダイレクトに分担する目標
②担当業務の遂行目標
③不具合の改善など本人の足元の課題

④スキルアップなど向上目標

これらすべてを設定する必要はありません。重要なものに絞り、2つまでにしましょう。

5：達成レベル「どこまで」を設定する

「どこまで」「どれくらい」すれば、目標を達成したと言えるレベルかを決めます。数値や期日での設定が明確にしやすいですが、こだわる必要はありません。それよりも、「やる気の出るレベル」と「チーム目標達成につながるレベル」とのすり合わせが設定のポイントとなります。

6：達成方法「どうやって」を設定する

達成までにするべき項目を羅列します。次に項目ごとに「いつするか」を決めて、

本人の担当業務と目標項目

「メンバー本人の主な担当業務」の記述例

3. 主な担当業務	4. チームリーダーからの期待
1. 営業Bチームの受注業務	営業不在時の問い合わせなど 積極的にカバー
2. 営業の見積サポート	
3. 新人○○さんの指導	
4.	
5.	

本人の目標項目の説明例

	目標項目 （何を）
目標I	営業サポートによる 受注全額のアップ
目標II	営業不在時カバー率のアップ （前回より10ポイントアップ）

スケジュール化します。項目を具体的に書き出せるかがポイントになります。

以上の通り、目標設定はこれだけです。

とはいえ、はじめはチームリーダーがリードしないと設定は難しいでしょう。

また、一回の面談で決まることはまれで、じっくり検討することも大切ですが、思い切りも肝心です。あとで修正するつもりでスタートしてかまいません。

「目標管理」は目標設定そのものが目的なわけではありません。あくまで目標を達成すること、達成に一歩でも近づくことが目的です。

ですから、目標設定の一番のポイントは、本来の目的をチームリーダーが見失わないことと言えるでしょう。

達成レベルと達成方法

「達成レベル」の設定例

達成レベル(どれくらい)
450万円
34%

「達成方法」の設定例

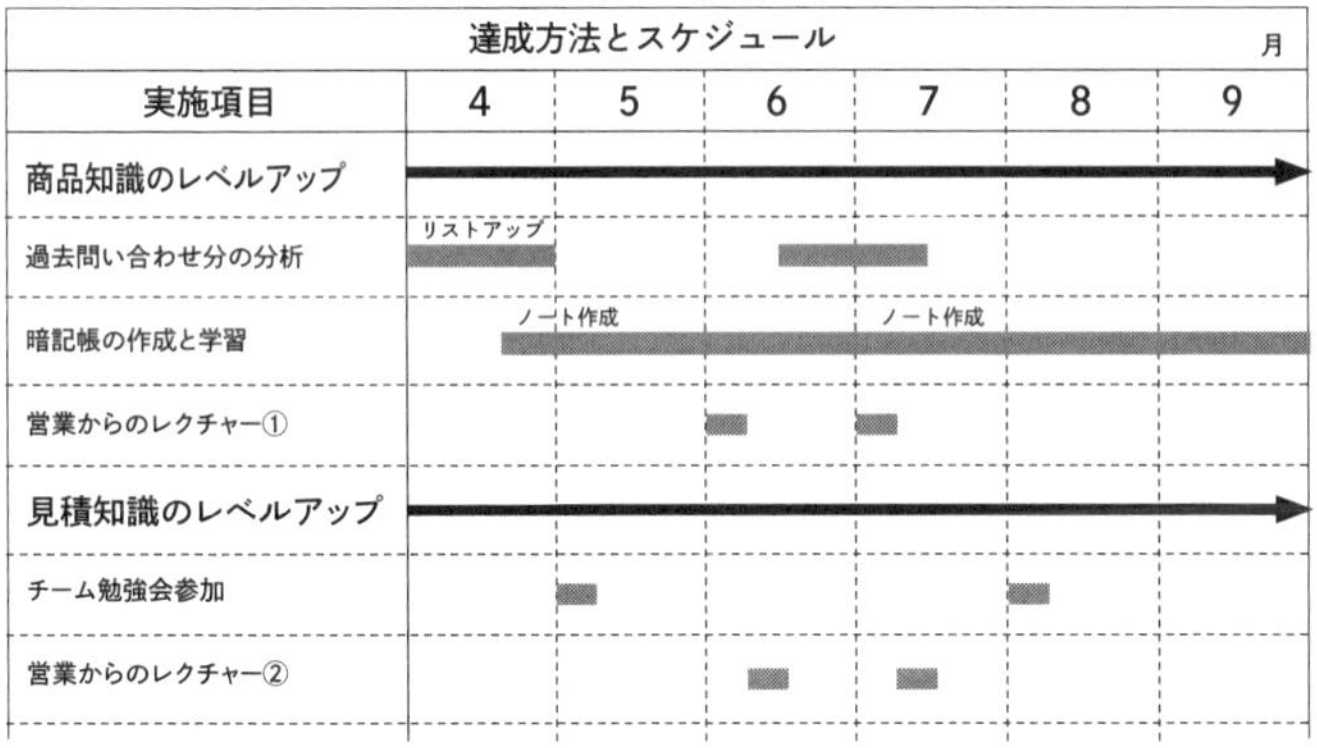
達成方法とスケジュール
月
実施項目
4
5
6
7
8
9
商品知識のレベルアップ
過去問い合わせ分の分析
リストアップ
暗記帳の作成と学習
ノート作成
ノート作成
営業からのレクチャー①
見積知識のレベルアップ
チーム勉強会参加
営業からのレクチャー②

51 チームの士気を高めるために

チームに課せられた目標には、業績や生産性といった「**積み上げていく目標**」の他に、「ミスをなくす」「クレームゼロ」「事故ゼロ」など、「**増やさない目標**」があったりします。

チームの「増やさない目標」を達成するには、メンバーの目標もチームの目標をブレイクダウンして、同様に「増やさない目標」を設定することが多いでしょう。

当然ですが、メンバーがミスを出せば、チームの「ミスゼロ目標」は達成されないことになるからです。

「増やさない目標」が扱いにくいところは、たとえば「ミスゼロ目標」の場合、期首に一度でもミスを出してしまうと、もう達成が不可能になってしまい、残りの期間は目標を失ってしまう状態になりかねないことです。

また、たとえミスを出さなくとも、モチベーションの上がる「目標」とはなりにくいことです。仕事を楽しくしない、会社に来るのを憂鬱にさせる「目標」になりがちです。

ミスは出してはいけませんが、ミスは行動の「結果」です。

ミスを出さないための行動、つまり**「○○や△△を実行する」ことでミスを防ぐ目標にすれば、「積み上げていく目標」にすることができます。**

チームリーダーにとっての「目標管理」は**チームの士気を高めるツールであるべき**です。

士気を高める工夫が必要

積み上げていく目標の例

目標項目 (何を)	達成レベル (どれくらい)
生産性の向上	時間当たり生産高○○○円 (担当生産高／就労時間)

増やさない目標の例

目標項目 (何を)	達成レベル (どれくらい)
誤入力の撲滅	自責のミス 0

「増やさない目標」を「積み上げていく目標」に変えた例

目標項目 (何を)	達成レベル (どれくらい)	達成方法とスケジュール						月
		実施項目	4	5	6	7	8	9
誤入力撲滅のための実施項目	①～④を実行できた④の検証内容が的確だった	①見間違いの多いコードリスト作成						
		②入力集中時間の確保						
		③二重チェックの試行と検証						
		④実施内容の検証と変更						

第4章

人を上手にやる気にさせる「人事考課」

52 人事考課の基本知識

会社の人事考課制度をチームリーダーがマネジメントのツールとして使いこなすには、「人事考課」について最低限の基本的なことを知っておく必要があります。

逆に言えば、「人事考課の基本知識」を少し持つだけで、マネジメント力がアップします。なぜなら、人事考課は評価を体系的に整理したものであり、説明しやすくなっているからです。

ただし、ふだんはほとんど使わない専門用語が多いのでとっつきにくいだけです。

もし、あなたの会社がチームリーダーの役割に「人事考課」を含めているなら、またとない機会と考え、おおいに活用しましょう。人事考課の知識に触れる機会など、限られた役職に就かないかぎり、めぐり会わないわけですから。

「人事考課の基本知識」は大きくは次の3つに分類されます。

「人事考課」はマネジメント・ツール

人事考課はふだんおこなっている「評価」を体系的に整理したもの

チームリーダーにとって
「評価を説明するためのツール」として使うためのもの

「人事考課」の基本知識

■大きく3つに分類される

①「人事考課」のイロハ
- メンバーを動かす「仕組み」としてのマネジメント・ツール
- 「公平・公正」を目指す
- 考課の守備範囲
- 「人事考課」の3つの機能

②自社の位置づけ
- 「考課」の定義
- 絶対評価
- 差異の評価
- 相対評価
- 評価のものさし

③「人事考課表」の仕組み
- 「考課表」の種類
- 成績考課
- 分析評価
- ウエイトと加点
- 考課の項目
- 1次考課

53 マネジメント・ツールとしての評価制度

あなたの会社に人事評価制度はあるでしょうか。

人事考課とは、企業の評価基準に基づき社員の実績や能力を判定する制度です。もしあなたがこの「人事考課」を任されたなら、「面倒だな」などと思わずに、「人事考課はメンバーを動かす、仕組みとしてのツール（道具）」と考え、積極的に活用してみましょう。

チームリーダーがおこなう人事考課は、いわゆる「一次考課」であることが大半です。メンバーの日々の仕事ぶりを一番よく見ているわけですから、自分はこう思うというチームリーダーとしての意見を伝えることが一次考課の役割です。

ただし、人事考課は自社の考え方に基づいたルールがあります。ルールに則って考課をしないとなりません。単に自分が思うままに評価したのでは「公正な考課」とはなりません。「公正」とは、全員が同じルールのもとで評価されて成立するものだからです。

「人事考課」をマネジメント・ツールとして使うということは、「評価をするから、言うことを聞け」というようにメンバーに圧力をかけることではありません。むしろ逆で、「きちっと評価をしている」ことを見せるということです。

チームリーダーのえこひいきなどは、メンバーからは思いのほかよく見えるものです。チームをまとめるには、公平・公正な考課が求められます。

ではどのような考課を心がけたらいいのでしょうか。本章ではその点を解説していきます。

「人事考課」はチームづくりのためのツール

・メンバーの評価について、チームリーダーとしての意見を上司や会社に伝える

・きちっと評価していることを見せる

■えこひいきはチームづくりの妨げとなる

・公正・公平な評価を目指す

・えこひいきはメンバーから思いのほか見える

■オフィシャルな評価ツールとしての活用

上司や会社のお墨付きのオフシャルな評価として、指導・育成、人材活用に活かす

54 「公平・公正な評価」を理解しよう

公平・公正な考課は人事考課の前提です。

けれども、口で言うほど簡単なことではありません。また、「公平」と「公正」は同じではありません。

公平とは、「分け隔てなく扱うこと」です。

たとえば、「先日、プライベートで手に入りにくいコンサートのチケットを取ってくれた。だから、『上司補佐』の考課項目の点数を上げておこう」というのは、一般には「えこひいき」と言い、「公平」な考課ではありません。

でも、この場合は正しくないとわかっておこなっている故意犯ですが、人事考課も人がすることですから、本人は気がついていなくとも、うっかり「公平」でない考課をしていることはあるでしょう。

公平な考課はそれほど簡単ではないのです。

しかし、だからといって、「公平」を目指さなければ人事考課をする意義はないでしょう。

よって、考課者は「考課を任された以上」あるいは「考課者たるもの」という意識を持って「公平」を目指すわけです。

一方、**公正とは、「ルールを守って考課すること」**です。

つまり、人事考課にはルールがあり、それにしたがって点数をつけないと「公正」にはなりません。

逆に言えば、ルールを理解し、ルールに則ってつければ、「公正」になるということです。

まずは「公正」を目指しましょう。そうすれば「公平」も見えてきます。

「公平・公正な評価」を理解する

公平・公正な評価

- 人事考課は「公平・公正」を目指さないと意味がない
- ただし、「公平」と「公正」は違う
- 「公平・公正」でない評価はチームづくりの足を引っ張ることになる

「公平」な評価とは

- 私情や思惑をもとに偏った評価をしないこと
- 色めがねをかけて評価しないこと

「公正」な評価とは

- 「ルール」を守って評価すること
- A さんにはこっちの「ルール」を適用し、B さんには適用しないのは「公正」とは言わない
- 人事考課には会社で定めた「ルール」があり、同じ「ルール」に基づいて判定することを「公正」な評価という

「公平」は難しいが、「公正」はやればできる

- 「公正」な評価をすることで「公平」を目指すことができる

55 「考課」の守備範囲は「評価」より狭い

「人事考課」は会社等でおこなわれている部下評価のことを言い、人事評価、人事評定、勤務評定、査定など会社や機関によって呼び方も異なります。

この本では「人事考課」または「考課」と呼ぶことにします。

とはいえ、ふだん私たちはあまり「考課」という言葉は使わないでしょう。よく使うのは「評価」です。

たとえば、「最近、○○さんは頑張ってるね。ひと皮むけたようだな」とか、「△△さんはこのところ、どうもミスが多いな。集中力に欠けてるよ。何かあったのかな」など、これらはまさに「評価」をしているわけです。

このように日常的によく使う「評価」ですが、それに対して「考課」はもう少し限定されています。

たとえば、「今度の新人は将来性があるな」などと言うのも「評価」ですが、「考課」では一般的には「将来性」を直接扱うことはありません。

「全体の流れをよくつかんでいるので、将来性がある」というように、より具体的な切り口に置き換えて使います。

会社にとって「将来性」は大事な要件ですが、人によって捉え方が異なり、あいまいすぎるからです。

つまり、**「考課」が扱う範囲は「評価」よりも狭い**と言えます。

「考課」は仕事につながることのみを対象にし、その切り口は会社などその組織で定義されています。したがって、その範囲で使わないとなりません。

「考課」が扱う範囲は「評価」より狭い

「人事考課」または「考課」は
会社などの組織でおこなう部下評価のこと

会社等によって「人事評価」「人事評定」「勤務評定」「査定」など
呼び方は異なる

人事考課の範囲

- 仕事に関連すること
- あいまいな項目は扱わない
- 考課の項目(切り口)はその会社等で決めた範囲
- その会社等で定めたルールに基づいて使う
- 「評価」にルールはないが「考課」にはルールがある

56 人事考課の「3つの機能」を理解しよう

「人事考課」には大きく3つの機能があります。

1つ目は、「処遇」に結び付ける機能です。

「処遇」とは、**昇給、賞与、昇格、昇進など**が代表的なものです。この機能を一般的には「査定」と呼んでいます。したがって、「査定」は人事考課の1つの機能のことを取りあげた呼称と言えます。

人事考課というと、この「処遇」に結び付ける機能のみを取りあげることが多いですが、他にもあと2つ大事な機能があります。

2つ目は、「育成」に結びつける機能です。

「育成」とは、**人材育成**のことです。たとえば、メンバーが何らかの仕事に取り組み完了したとします。それを見て、チームリーダーは「よく頑張ったな」とか、「今回はミスが目立つな」とか評価します。「もう十分できると思ってやってもらったけれど、基本が身についておらず、肝心なところができていない」と評価したとき、次にまた同じ仕事をさせたら、その時も同じ結果に終わる可能性が大きいでしょう。放っておいては、チームも会社も本人にとっても、時間、労力をはじめ、様々な点で損失となります。こうしたときは、チームリーダーとして、指導し、「育成」しないとなりません。

このようなことは、「人事考課」をせずとも上司ならふだんから見ているわけですが、「人事考課」はオフィシャルな切り口で一定期間の評価を整理してくれます。

3つ目は、「活用」に結び付ける機能です。

「活用」とは、**人材活用**のことで、「育成」の反対の意味と考えるとわかりやすいでしょう。

「人材活用」といえば、こっちの方が向いている、力を発揮できるという意味で「配置転換」が代表的なものになります。でも、社員数の多い大企業ならそれもあり得

「人事考課」の３つの機能

①「処遇」に結びつける
「査定」の機能

②「育成」に結びつける
指導・育成（OJT や OFFJT）につなげる機能

③「活用」に結びつける
人材活用（配置や昇格・昇進）につなげる機能

- 「処遇」とは具体的には昇給、賞与、昇進、昇格などのこと。「処遇」を決めることを一般的に「査定」と呼ぶが、「査定」は人事考課の機能のひとつ
- 「育成」の機能とは、人事考課をすることで本人の課題や問題点をはっきりさせ、指導や教育につなげること

チームリーダーの評価

「〇〇さんに頼んだ商材の分析表。用語の間違いが多いな。もう十分わかっていると思っていたが」

↓

次回、同じような仕事を頼むと、また同じ結果に。それでは関連する仕事を任せられない

↓

指摘し、自ら学習したり、教育する必要がある

（次回、同じような仕事を頼むと、…から）→

「人事考課」はこれをオフシャルなものとし、共有化する

↓

OJT だけでなく、会社の教育研修や教育計画などにつなげることができる

ますが、300名くらいまでの会社では難しいのがふつうです。したがって、メンバーに試しに新しく取り組む仕事を任せた場合に、「へえ、こんな仕事もできるのか」とか、営業担当に企画の仕事をさせてみたら、「なかなか発想がユニークで、こっちの方が向いてそうだ」とかいうようなことがあっても、人数が限られた会社では「配置転換」にはなかなか結び付かないでしょう。

でも、「人材活用」をもっと広く捉えると「配置転換」だけでないことがわかります。「異なるタイプの仕事を任せてみる」「もう少し難しい仕事をやってもらう」「同じ仕事でも難易度を上げる」のも「人材活用」のひとつなのです。

あるいは、目標や課題を設定する場合に少しレベルを上げて、チャレンジさせるのも含めることができますし、昇格・昇進の推薦をするのは「人材活用」の最たるものでしょう。

人事考課をメンバーの「査定」だけでなく、「育成」と「活用」のツールとして使えば、チームリーダーのマネジメント力を一段も二段もアップさせることになるはずです。

人事考課を育成と活用のツールに使う

「活用」の機能とは、人事考課をすることで
本人の適性や長所を拾い上げ、それらをより
活用するために仕事やポストの変更に結びつけること

「活用」の機能
- 配置転換
- 担当替え
- より高度な仕事
- 高い目標設定
- 昇格（等級のアップ）
- 昇進（役職のアップ）

チームリーダーの評価と人材活用

「〇〇さんは営業での折衝はおぼつかないが、企画をさせたらなかなか面白い。今度商品の企画も担当してもらうか」

「△△さんはずいぶんと研究熱心で前期の目標を達成した。今期はもう一段レベルの高い目標にチャレンジしてもらおう」

「□□さんはもう３等級のレベルは十分だな。今期は私の代行をする場面を多くして、クリアすれば、４等級への昇格の推薦をしよう」

57

差異をはかる「絶対評価」と「相対評価」

たとえばあなたが、Aさんに次の指示をしたとします。

リーダー：「今日のミーティングで決まったことを、来週の月曜までにＡ４一枚にまとめておいてくれる。月曜日午後のリーダー会議で使うから。」

Aさんは指示された仕事をおこない、月曜の朝一番にチームリーダーに提出します。受け取ったチームリーダーは、「おお、要点がしっかりまとまっていてよくできているね」あるいは「あれ、誤字が目立つし、文章もおかしい。もうちょっとここを改善してみようか」などと言ったりします。

これで、チームリーダーはメンバーに与えたひとつの仕事に対して評価をしたわけですが、では、この「よくできた」とか「もう一歩」とかの評価はいったい何を根拠に、あるいは何を基準に言っているのでしょう。

実は、すべての仕事には「期待レベル」というものがくっついています。仕事と「期待レベル」はセットなのです。我々は○○さんに仕事を与えるときに、必ずこの「期待レベル」を想定しているわけです。つまり、**「期待レベル」と結果との「差異」をはかって、評価をしています。**「期待レベル」に対して、差異がゼロなら「期待通り」、プラスなら「期待以上」、マイナスなら「期待以下」というわけです。

このような**差異をはかる評価の方法を「絶対評価」**と言います。

「期待レベル」と「差異の評価」

メンバーに仕事を与えた時点で、
すべての仕事には「期待レベル」がくっついている

人事考課とは「期待レベル」と「結果」との差異をはかる行為
=
「絶対評価」

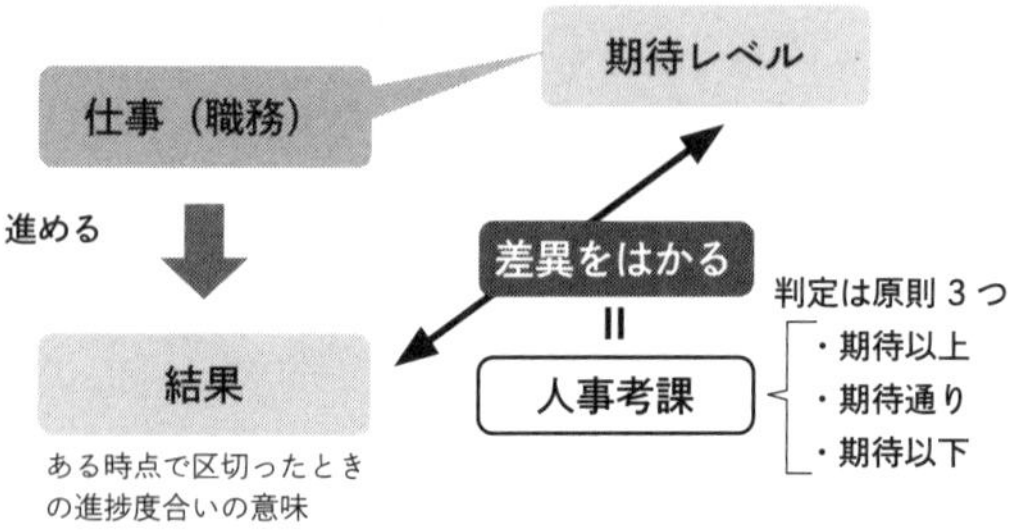

期待レベル
仕事（職務）
進める
差異をはかる
=
人事考課
判定は原則 3 つ
・期待以上
・期待通り
・期待以下
結果
ある時点で区切ったとき
の進捗度合いの意味

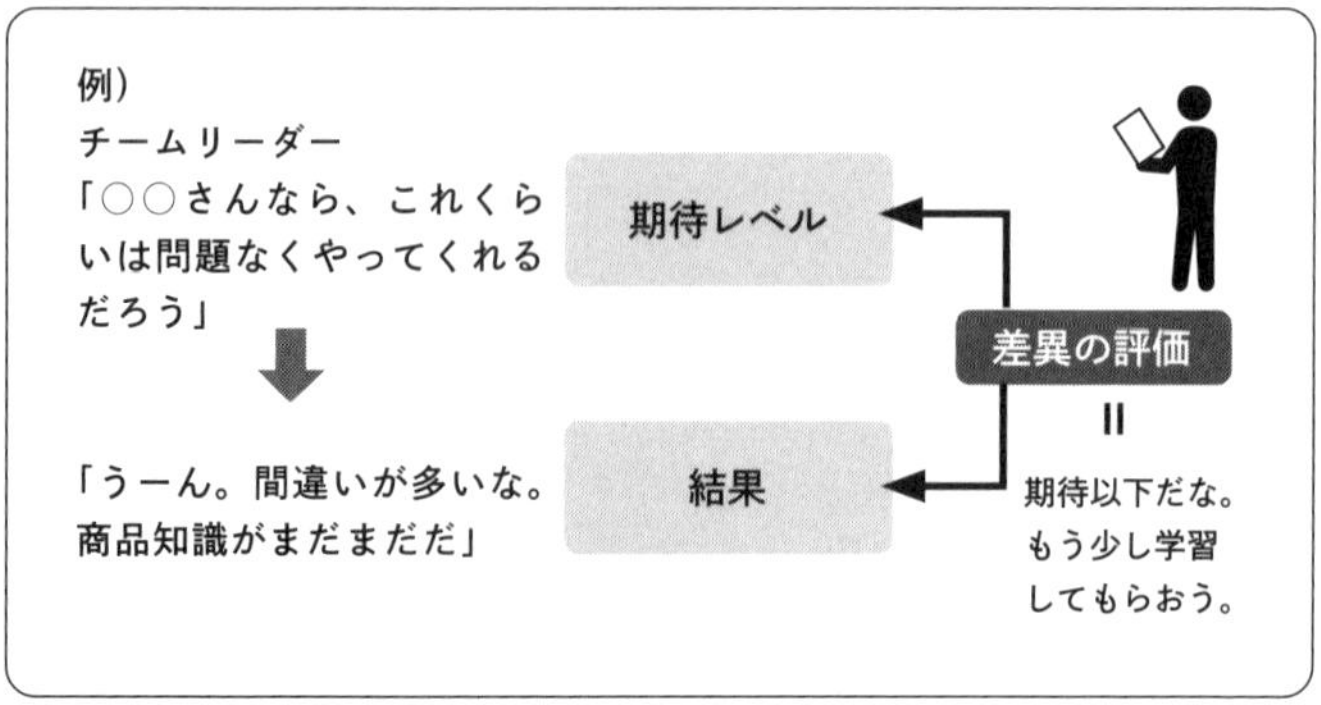

例）
チームリーダー
「○○さんなら、これくらいは問題なくやってくれるだろう」
「うーん。間違いが多いな。商品知識がまだまだだ」
期待レベル
結果
差異の評価
=
期待以下だな。
もう少し学習
してもらおう。

一方で、**メンバーのAさんとBさんを比べて順列をつける評価を「相対評価」**と言います。

たとえば、小学校の運動会のかけっこで速い順に順位をつけるのが「相対評価」です。「相対評価」の利点は、はっきりしていることです。

Aさん：「今期、頑張ったのに賞与がBさんより少ないのですが。」
リーダー：「それはAさんの方がもっと頑張ったからだ。」

人事考課を「査定」の機能だけに使うなら、「相対評価」で十分でしょう。でも、「育成」「活用」という次のステップにはつながりにくいと言えます。

チームリーダーとしては「結果オーライだが、たまたまだ。基本知識がまるで備わっていない。早く身につけないと、次はこうはいかない」などと、指摘したいものです。

多くの会社、とくに少人数の会社が「絶対評価」を採用している理由のひとつです。

また、「相対評価」は成立するには条件が整わないとうまくいきません。

小学校のかけっこで、通常は1年生と6年生とが一緒に走ることはありません。同じような仕事、同レベルの給与など比べる条件が整わないと「相対評価」は難しいのです。

「相対評価」は同じ商品を同じ地区で販売するような条件で、賞与に差をつけるような限られたケースには有効で、とくに対象人数が多いような場合にはやりやすい面もあるでしょう。

絶対評価と相対評価

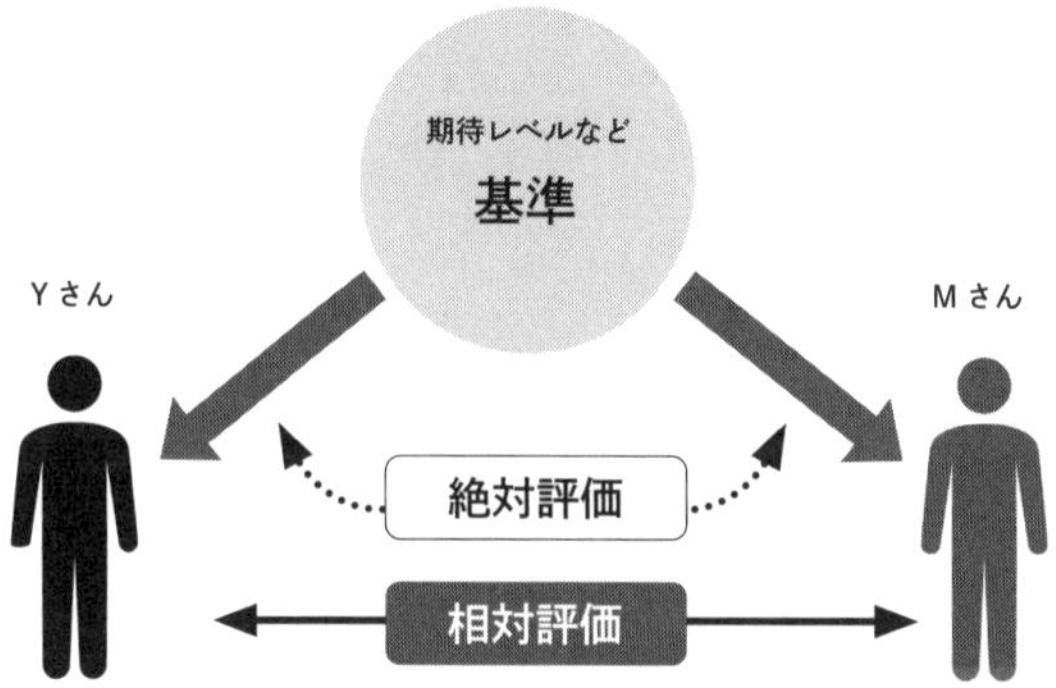
期待レベルなど
基準
Yさん
Mさん
絶対評価
相対評価

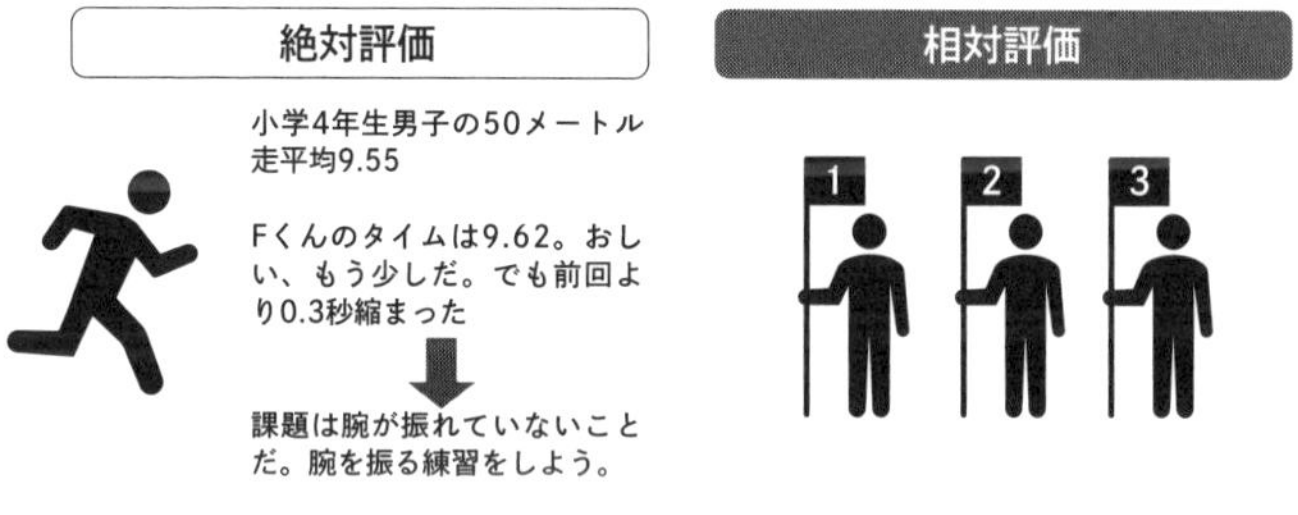
絶対評価
相対評価
小学4年生男子の50メートル走平均9.55
Fくんのタイムは9.62。おしい、もう少しだ。でも前回より0.3秒縮まった
課題は腕が振れていないことだ。腕を振る練習をしよう。
1
2
3

- 相対評価は、わかりやすいメリットはあるが、担当業務も違えば熟練度も違うようなチームで使うのは難しい。
- 絶対評価は、よかった点や課題を話し合えるのはいいが、評価理由が見えにくいのが難点。チームリーダーの見方次第なところがある。

58 評価のものさし

人に仕事をしてもらうと、「期待レベル」がくっついて来ると述べましたが、では、この「期待レベル」はどこから来るのでしょう。

「まだ入社1年目なのだから、これくらいできれば上出来だろう」「もう5年選手なんだから、これくらいはやってもらわないと」などと言えば、「**勤続年数**」を基準に期待レベルを考えていることがわかります。

「主任なら、この仕事は完璧にできて当然だ」と言えば、「**役職**」が基準です。

現在は少人数の会社でも、職能資格制度などの等級制度を導入しているところがふつうになりました。その場合、職能資格制度なら、「等級」は仕事をする能力ですから、「○等級なら○○の仕事を○○レベルでできる力がある」という認識をチームリーダーは持つことになり、「期待レベル」は「等級」が基準となります。つまり、「3等級なら、この仕事はこのくらいのレベルでやって欲しい」となるわけです。

仮にその仕事を「2等級」の人がやり遂げた場合には、「もうできるようになったか、よく頑張ってるな」と褒められますが、「3等級」の人なら、「このくらいはできて当たり前」となります。

これが「等級」の意味ですから、等級制度を導入している会社は、理屈上は評価基準がより明確になるわけです。

「期待レベル」はどこから来る？

職能等級の考え方

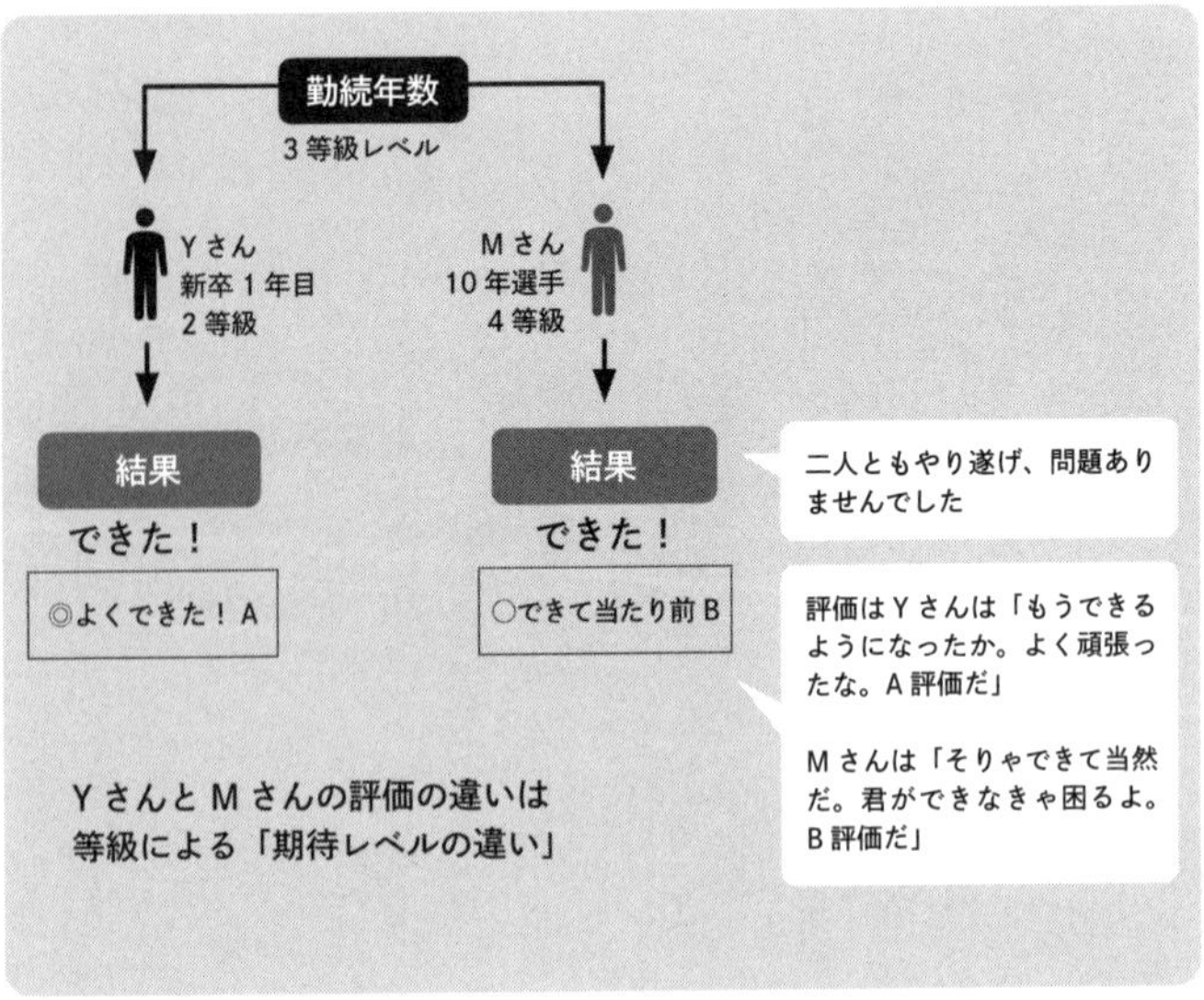

59 考課表の種類を理解しよう

「考課表」は会社によって異なり、会社としての評価の考え方が盛り込まれています。自社の「人事考課制度」と「考課表」を正しく理解して使うようにしましょう。

考課表は同じ会社でも用途別に種類がいくつかあり、複数の考課表を使うことも珍しいことではありません。昇給と賞与で使い分けているケースも多いです。

職能資格制度では、職能給は仕事の能力に対して金額の幅を決めています。よって、昇給は能力の高まりを重視することから、能力考課にウェイトを置き、「**能力考課表**」を使う会社も多いと思います。

逆に賞与は期間の業績や成績、行動、執務態度を重視し、「**業績考課表**」や「**成績考課表**」を使ったりします。

通常、業績考課や行動考課、執務態度考課はその期間の結果やプロセスの考課です。それに対して、能力考課はその時点の能力がどれくらいあるかをはかる考課で、いわば、保有する能力の棚卸といえます。

この違いは、財務諸表のＰ／Ｌ（損益計算書）とＢ／Ｓ（貸借対照表）に似ています。

そのような、考課表や考課項目ごとにその特性を理解しておくことは大切です。メンバーへの説明に説得力が増すことになるでしょう。

「今期、○○さんはよく頑張っている」とか、「□□さんは、なんだか凡ミスが多いし、気合が入ってないな」などとざっくり評価して、点数やランクを決めるのを「総合勘案」と言いますが、近年の人事考課の考え方は、項目ごとに考課して点数などを積み上げて総合点や総合ランクを決める分析評価型です。

その理由は、「今期、数字は達成しているが、ほとんど棚ぼたで、やるべきことができていない」「正確できっちりしているし、いいところはあるのだけれど、い

考課表の特性を理解すると説得力が増す

会社などの組織の考え方は、「考課表」に盛り込まれている
自社の「人事考課制度」の理解は「考課表」を理解することから

「考課表」の使い分け

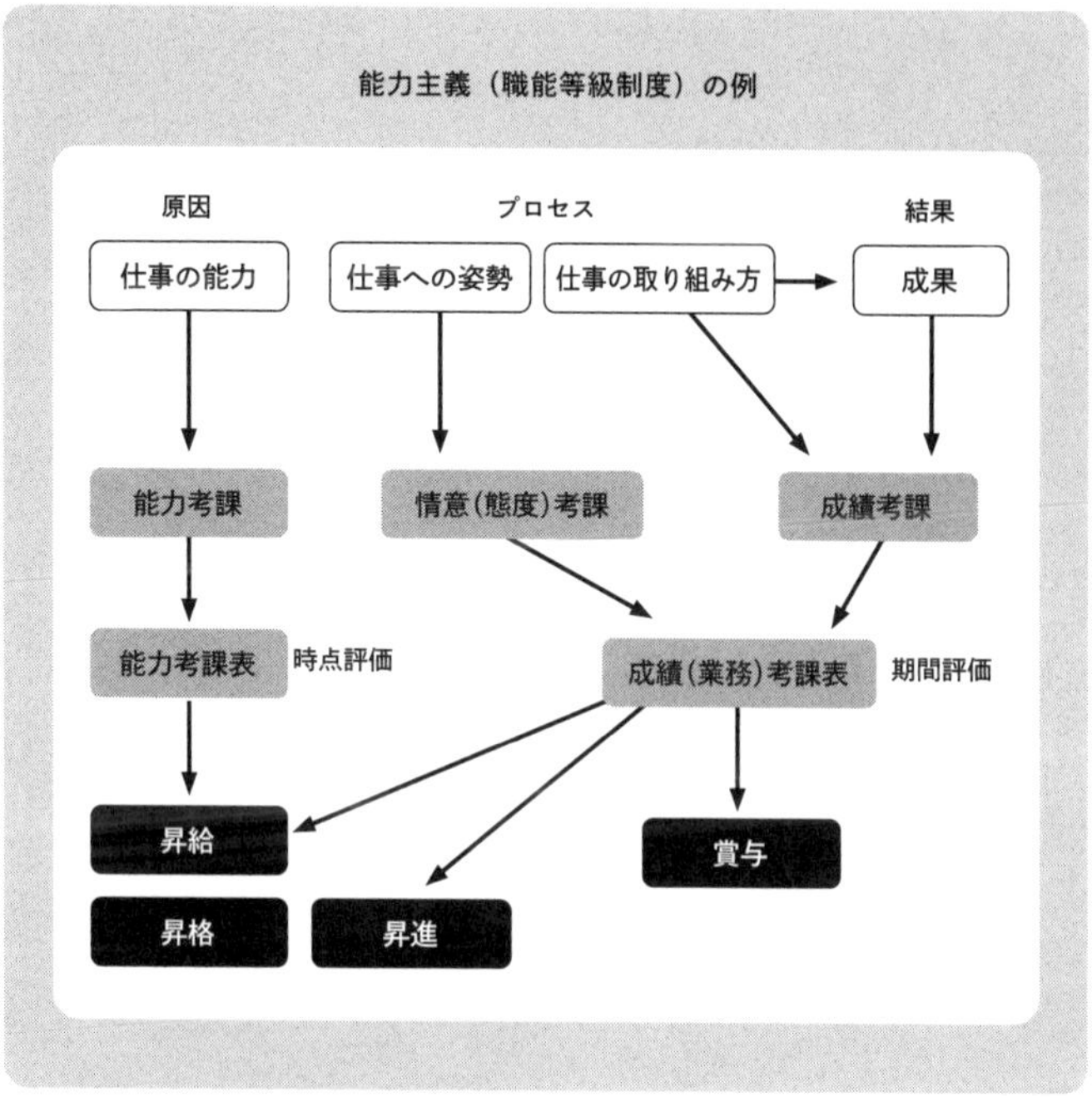
能力主義（職能等級制度）の例
原因
プロセス
結果
仕事の能力
仕事への姿勢
仕事の取り組み方
成果
能力考課
情意（態度）考課
成績考課
能力考課表
時点評価
成績（業務）考課表
期間評価
昇給
賞与
昇格
昇進

かにもスピーディさに欠ける」などと言うように、ひとつの項目がよくても（悪くても）他の項目もよい（悪い）とは限らないからです。

総合点数は同じでも、人によって中身は違い、それは人事考課を「査定」だけでなく、「育成」「活用」につなげようということにほかなりません。

たとえば、メンバーのAさんが数字は上げているがそれはたまたまで、基本的な知識・技能に欠けるような場合、次に来る重要な仕事を任せるわけにはいかないでしょう。会社から指名があっても、チームリーダーとして、人事考課を根拠に反対するはずです。

人事考課は会社としてのオフィシャルなものですから、そのような分析評価を共有できるわけです。

考課表の構成は、一般に考課項目を大括りなものから細分化して考課単位としています。

総合勘案型評価から項目分析型評価へ

今期はよく頑張った
合格点をあげるか
何にでも一生懸命な
のは買うが計画性が
まるでないな

分析型評価は「査定」だけでなく、「育成」「活用」にもつながる

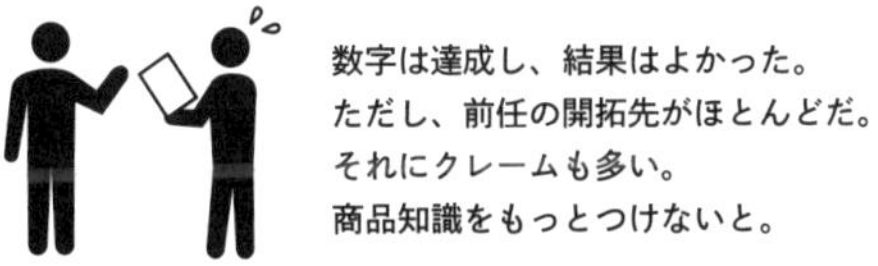
数字は達成し、結果はよかった。
ただし、前任の開拓先がほとんどだ。
それにクレームも多い。
商品知識をもっとつけないと。

分析評価はメンバーの「考課表」を並べて、1つの考課項目を全員分横につけていく

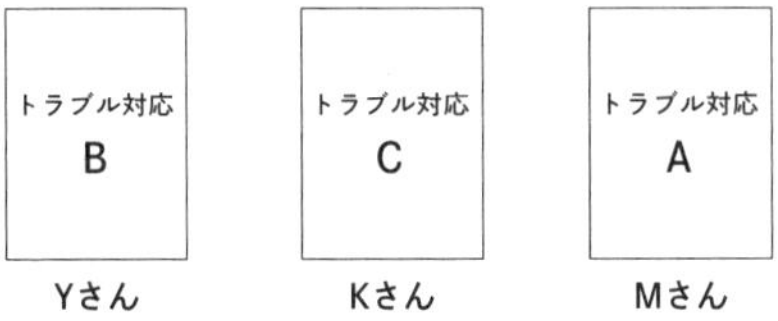
トラブル対応
B
Yさん
トラブル対応
C
Kさん
トラブル対応
A
Mさん

各考課項目の点数を積み上げた結果、
総合点○○点となり、分析評価をやりやすい

60 考課項目を理解しよう

大括りの考課項目は、①仕事の結果　②プロセス・行動　③能力・実力、つまり「業績考課／成績考課／成果考課」「行動考課／執務態度考課／プロセス考課」「能力考課／実力考課」の3つに大別できます。

仮にこの分類を「考課区分」と呼ぶことにします。

次に「考課区分」を細分化したものを「考課要素」とします。

一般的な「考課表」では、この「考課要素」が考課単位です。

たとえば、「成績考課」でしたら、「考課要素」は「仕事の質」「仕事の量」「課題の達成度」などとなり、この単位で考課の判定をし、点数化やSABCDなどのランク付けをします。

「考課要素」には、その項目が何を対象としているのか、考課者が共通の認識を持てるように説明を記した「着眼点」が付いている考課表が多いでしょう。

「着眼点」は考課要素の定義であり、代表する切り口であり、会社がどこを重視しているかのポイントです。

したがって、考課にあたっては、「着眼点」を通じて「考課要素」の意味を正しく理解することが必要になります。

たとえば、メンバーの気になった行動をどの「考課要素」で取り上げるべきか、大きくくい違ったりしてしまうと、考課結果の説明に説得力を失いかねません。

「成績考課表」の考課項目の例

（Ｊクラス）
〈商品管理〉

年度　成績考課表

対象期間　年　月　日〜　年　月　日

所属		氏名		等級		職位		勤続		考課者（1次）		2次	

考課区分			考課要素	着眼点	ウェイト	(小計)	1次考課	2次考課	決定
成績考課	1	仕事の成果	業務の出来栄え	業務の正確さ、出来栄え、ミスの度合いはどうだったか	20	40			
	2		期日の遵守度	業務の期日を守っていたか、納期遅れはなかったか	10				
	3		目標の達成度	目標の達成度はどうだったか　高い目標：×1.2　等級レベル：×1.0　低い目標：×0.8	10				
	4	仕事のプロセス	指示の理解	会社の方針、業務の指示内容をよく理解していたか	5	40			
	5		報連相の実行	上司等への報告、関連する担当への連絡はタイムリー且つ正確に行っていたか、不安な点など相談をよく行っていたか ミスは隠さず報告していたか	5				
	6		トラブル・クレーム対応	何よりも迅速に対応できていたか 決められた初期対応はできていたか	5				
	7		業務判断と実行 業務目的の理解	仕事の優先順位は適切だったか この業務は何のためにしているか理解できていたか	5				
	8		商品の管理	良品、不良品、返品等の適切な伝票処理ができていたか 資料、備品や設備の管理、メンテナンスはできていたか	5				
	9		仕事の段取	手配、準備等はぬかりがなかったか 仕事を計画的に進めていたか	5				
	10		後輩の指導	後輩の指導をていねいに行っていたか	5				
	11		５Ｓの推進	ルールに従い整理、整頓し、清潔な状態を維持する努力をしていたか	5				
					小　計				
態度考課	12	規律性	決められたルール慣習を守る姿勢	・清潔感ある身だしなみはできていたか ・遅刻や無断欠勤はなかったか	5	20			
	13	責任性	途中で投げ出さず最後までやり通そうとする姿勢	・引き受けたことを途中で投げ出すようなことはなかったか ・安易に人のせいにするようなことはなかったか	5				
	14	積極性	自らすすんで行動する姿勢	・新しい業務や難しい業務にもすすんで取組んでいたか ・会議等では建設的な意見をすすんで出していたか	5				
	15	協調性	周囲と良く協力して仕事をする姿勢	・自分の持ち場が終わったとき、他の人の応援を心掛けていたか ・不快な言動や態度で職場を乱すようなことはなかったか	5				
					小　計				
				合計	１００				

備考	1次	2次

考課点数　ウェイト×考課係数　　考課係数　S (1.0)　A (0.8)　B (0.6)　C (0.4)　D (0.1)

61 成績考課とは何か

会社によって考課項目の名前の付け方が異なりますが、そのメンバーが遂行した仕事（あるいは遂行すべき仕事）の「結果」と「取り組んだ行動」とを評価する考課項目を「成績考課」「業績考課」「成果考課」「役割行動考課」などと呼んでいます。

自社の考課表で名称はともかく、該当する考課項目を判定する場合には留意すべき点があります。

それは、そのメンバーの仕事、正確に言うと**「そのメンバーに課せられた役割」を知らないと、「成績考課」の類は判定できない**ということです。

たとえば、「○○さん、このデータの分析をグラフ化して、どのような対策が必要かを今月中まとめておいてくれ」という、○○さんに与えられた仕事を知らずして、「役割の達成度」や「それに至る取り組み行動」は判定できないはずです。

したがって、あなたは「どのような仕事を担っているかをよく知らない他のチームのメンバー」の「成績考課」の類を考課するのは不可能なのです。

それに対して、同じ行動考課のひとつである、規律性や責任性などを判定する「執務態度考課」や「情意考課」では、考課できる場合も多いと言えるでしょう。

たとえば、「××チームの○○さんは最近、遅刻が多いな」とか「△△チームの○○さんは、忙しいときによく協力してくれる」など、見える部分も多いのです。

考課項目を判定する際に留意すること

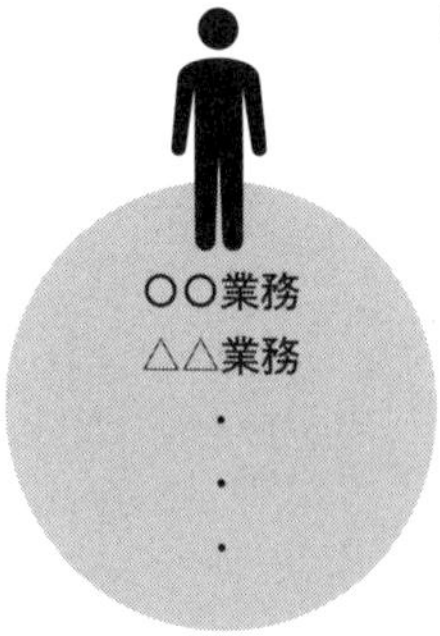

「成績考課」の定義の例

成績考課＝ 期間の役割の成果（達成度）とプロセス（行動）

仕事の質
仕事の量
課題の達成度
トラブルクレーム対応
仕事の計画性

とした場合、Ｙさんの役割が何だったか
知らずして「成績考課」は評価できない。

それに対して、役割に起因しない考課項目は評価できる場合が多い

＝

「情意考課」や「執務態度考課」の定義の例

会社人としてのあり方
仕事への姿勢

規律性（ルールを守っていたか）
責任性（最後までやり通そうとしたか）
協調性（困っていたら手伝ったか）
積極性（すすんで実行したか）

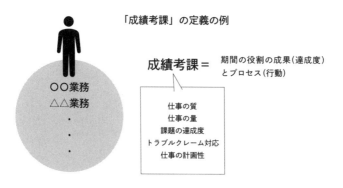

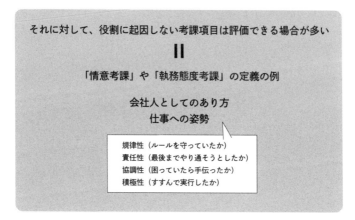

62 ウェイトと加点の考え方

考課要素ごとに「ウェイト」のある考課表は、通常、そのウェイトを加味して点数にします。

ウェイトは、会社としてどの「考課要素」や「考課区分」を重視しているかを表しています。その場合、一般的に「ウェイト」は合計で１００％になり、各考課項目に相対的に配分されています。

「ウェイト」の大きな項目は、考課点数に影響する度合いが大きくなります。評価が高いと合計点数は高くなり、逆に評価が低いと合計点数も低くなります。

考課者が「ウェイト」を設定できるような考課表の場合、点数を上げたいときに「ウェイト」を高くすると、それは逆に作用してしまう場合があることを知っておきましょう。

「ウェイト」と混同しやすいものに「加点」があります。

「加点」の方法もいろいろありますが、たとえば、難易度の高い目標を設定して「加点」をする場合に、達成度評価を1・5倍するなどとあらかじめ決めておきます。

そのように「加点」された目標は、達成度の高い、低い関係なしに点数は底上げされ、「ウェイト」とは異なった働きをすることになります。

自社の考課表のルールをよく理解しておきましょう。

それは点数などメンバーの評価に影響するとともに、説明を求められた場合に「納得性」のある説明ができるかどうかにつながります。

ウエイトと加点の考え方

考課表の例
成績考課表（期間考課表）

考課区分			考課要素	着眼点	ウェイト	(小計)	1次考課		2次考課		決定	
成績	1	仕事の成果	業務の出来栄え	業務の正確さ、出来栄え、ミスの度合いはどうだったか	20	40	B	12				
	2		期日の遵守度	業務の期日を守っていたか、納期遅れはなかったか	10		B	6				
	3		目標の達成度	目標の達成度はどうだったか　高い目標：×1.2　等級レベル：×1.0　低い目標：×0.8	10		C	4.8				
	4		指示の理解	会社の方針、業務の指示内容をよく理解していたか	5		B	3				
	5		報連相の実行	上司等への報告、関連する担当への連絡はタイムリー且つ正確に行っていたか、不安な点など相談をよく行っていたか ミスは隠さず報告していたか	5		A	6.4				
			トラブル・クレーム	何よりも迅速に対応できていたか								

事例の考課表のような場合、「ウエイト」はどの項目を重要視しているかの意味となる。したがって、高い評価の場合も低い評価の場合も影響は大きくなる。

ウエイト		考課係数				ウエイト		考課係数			
20	×	B	0.6	=	12	10	×	B	0.6	=	6
		A	0.8	=	16			A	0.8	=	8
		C	0.4	=	8			C	0.4	=	4

ウエイトが高い項目は低い評価でも高い点数が取れるように見えるが、ウエイトが高い項目で低い点数を取ってしまうと、他の項目で高い点を取っても、取り返しにくくなる。

それに対して「目標達成度」の加点は、高い目標を設定すれば高い結果の場合も低い結果の場合も加点される。

ウエイト		考課係数			加点		
10	×	C	0.4	×	1.2	=	4.8

63 1次考課のポイント

現場でメンバーを統率する直属の上司であるチームリーダーが人事考課する場合は、一般的には1次考課者となります。

1次考課を決定考課とする会社は少ないと思います。

通常は、チームリーダーの上司である係長や課長は、その上位考課として2次考課、3次考課をおこないます。

このように考課を積み重ねる理由は、考課の精度を上げ、納得性を高めるためです。

チームリーダーがおこなう1次考課の特徴は、ふだんからもっとも近くで被考課者であるメンバーの仕事ぶりを見ていることから、業務遂行のプロセスである行動考課や執務態度(情意)考課は比較的しっかりと見ることができることにあります。

その反面、能力考課などはどのような能力がどのくらい備わっているか、より広い視野で多面的に拾い上げる必要性から、距離を置いた複数の視点も重要となります。

また、行動考課や成果考課においても、1次考課者は距離が近いゆえに、情実が入りやすいとも言えますし、チームリーダーの采配の影響も受けるでしょうから、それらを補正する点で2次、3次考課の必要性は高いと言えます。

ただし、上司の考課があるから1次考課は手を抜いてもよいということではありません。

1次考課者は被考課者や上司から尋ねられた場合に説明がつく考課をすることが原則です。

複数の考課者の視点で精度を高める

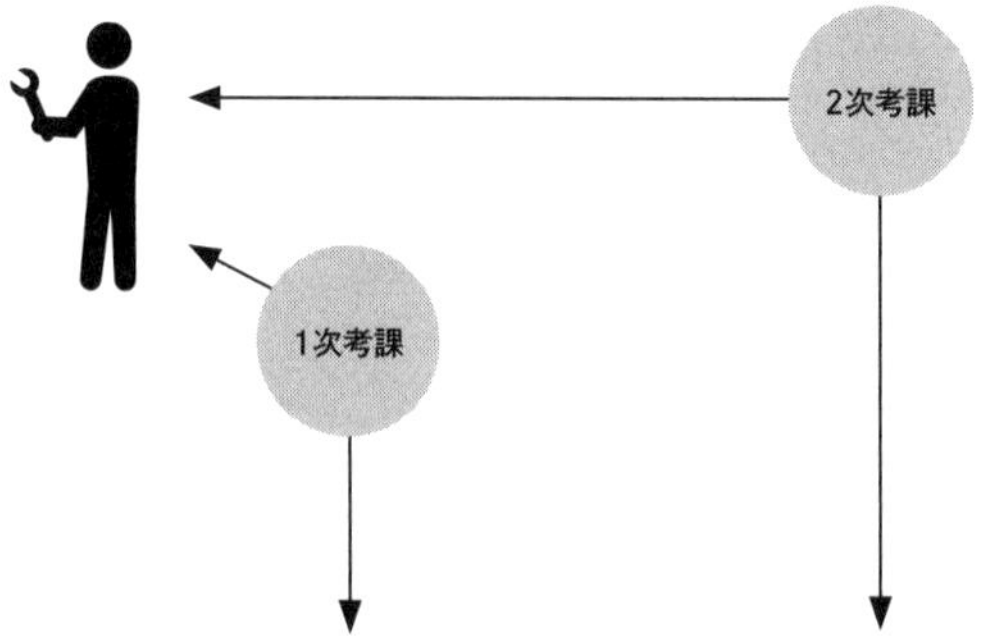

・もっとも近くで見ることができる
・行動考課や情意考課に適している

・少し距離を置いて、より客観的、重点的、広い視点で見ることができる
・成果考課や能力考課では必要性が高い

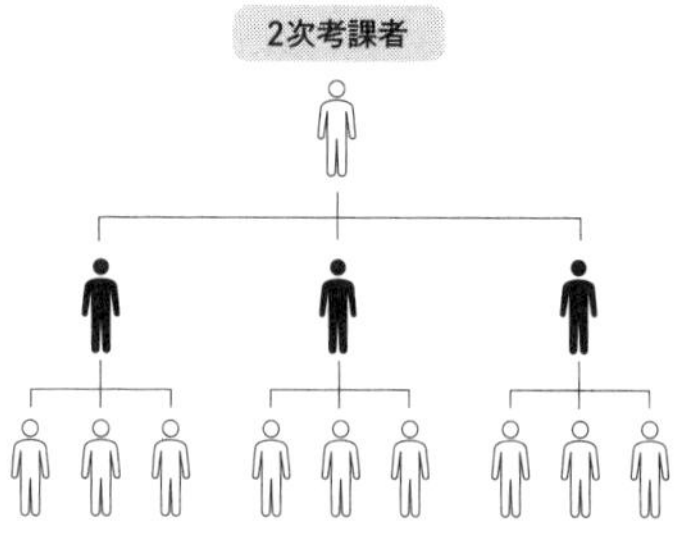

2 次考課者には
1 次考課者の評価軸の甘辛を
調節する役割もある

1 次考課者であるチームリーダーは、メンバー間の評価差の説明がつく考課をしっかりつけることが求められ、他部署のメンバーの評価を考慮する必要はない。
1 次考課者は上司の意向を考慮して考課してはいけない。
自信を持って自分の考えで考課することが大事。

第 5 章

さらにチームをまとめるリーダーの心得

64

新人がすぐ辞めないチームをつくる

少人数の会社の多くは慢性的に人材不足です。思うような人が思うように採れないのです。

そのかわりに社員にとっては「幅広く仕事ができる、任せてもらえる」など、いいこともたくさんあります。

いいことのひとつが、**早くにチームリーダーに抜擢される可能性が高い**ことです。チームリーダーになれば、自分のチームをつくることができます。人材の育成は厄介ですが、見方によっては面白い仕事のひとつです。

少人数の会社が陥りやすい負のスパイラルのひとつに、「採用してもすぐに辞めるかもしれないので、指導育成が疎かになる。指導育成しないから人が定着しない」

というジレンマがあります。

逆に言えば、**指導育成は人材の定着の特効薬**なのです。

新卒にしても、中途採用にしても、チームに新人が来たら計画的に指導をしましょう。

ふだんの仕事では「計画的にしろ」と言ってるにもかかわらず、指導は行き当たりばったりという会社が多いのです。でも、効果はまったく違ってきます。

まず、ざっくりとした1年くらいの指導計画をつくり、新人に説明します。

計画といっても、1年くらいのうちに仕事の基本、覚えておくべきこと、習熟して欲しいことを書き出し、月ごとにならべるだけです。

もちろん、たいていは計画通りに行きません。

でも、新人に示すだけでも定着率は上がるはずです。

新人がすぐに辞めてしまう理由にはいろいろありますが、トップ3は次のようなことです。

① 入社前に聞いていたことと違う
② 上司と合わない
③ 仕事が多すぎる、または少なすぎる

①の「入社前に聞いていたことと違う」のは、チームリーダーに責任はないでしょうがカバーはできます。**「会社に来るのが楽しい」と思える職場にする**ことです。風通しのよい職場にするだけで、マイナス点をひっくり返すことは可能です。

②の「上司と合わない」は、人ですから双方に相性があるのは仕方ないことです。でも、そもそもチームリーダーはメンバーをふつうは選べません。上司の宿命です。また、凸凹の人材をまとめるからチームづくりは面白いとも言えます。それに気心が合わない相手でも長所はあります。**メンバーの長所を見ましょう。**

少人数の会社ほど新卒の離職率は高い

区分	5〜29人	30〜99人	100〜499人	1000人
高卒	52.8%	44.1%	35.9%	25.6%
大卒	49.4%	39.1%	28.9%	24.7%

出所：厚生労働省 2021年時点（2018年3月卒者の3年目まで）の離職率

人材定着のスパイラル

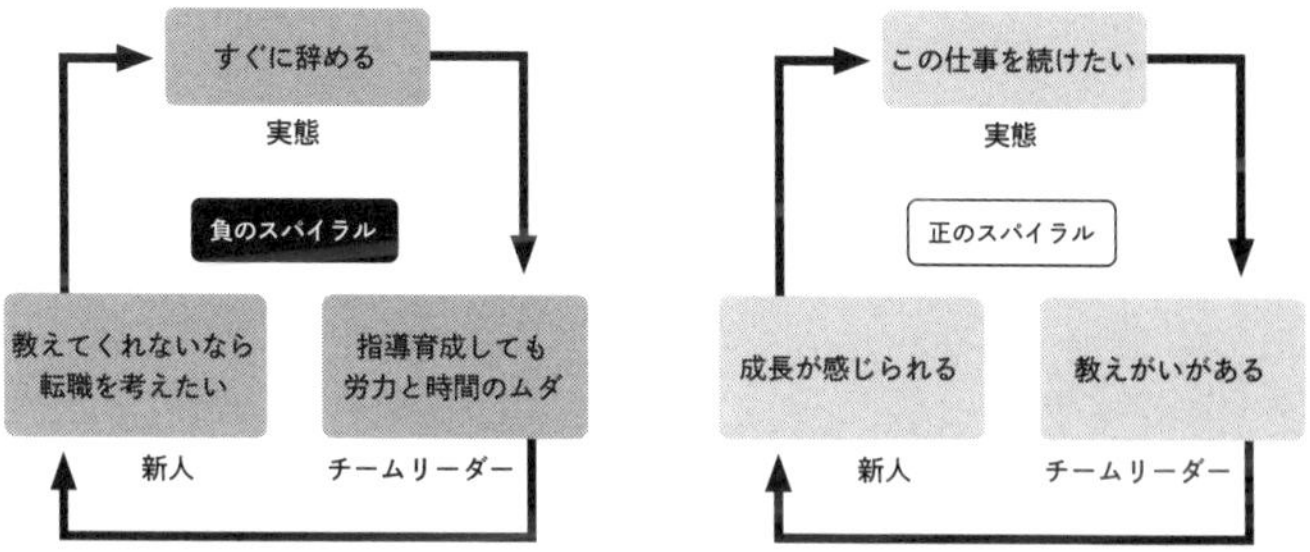

指導教育は「指導計画」から

合わない相手というのは、案外、自分の不得手な部分をカバーしてくれるものです。

③の「仕事が多すぎる、または少なすぎる」は、とくに新人は「仕事の量」に敏感です。足元の仕事しか見えていないからです。

新人の「仕事の量」はチームリーダーが注意してコントロールするしかありません。入社3か月くらいは適度な量を意識しておきましょう。

離職の主な理由と離職防止のための基本行動

採用前の情報と実際の労働条件が一致しなかった若者は3年以内の離職率が高い

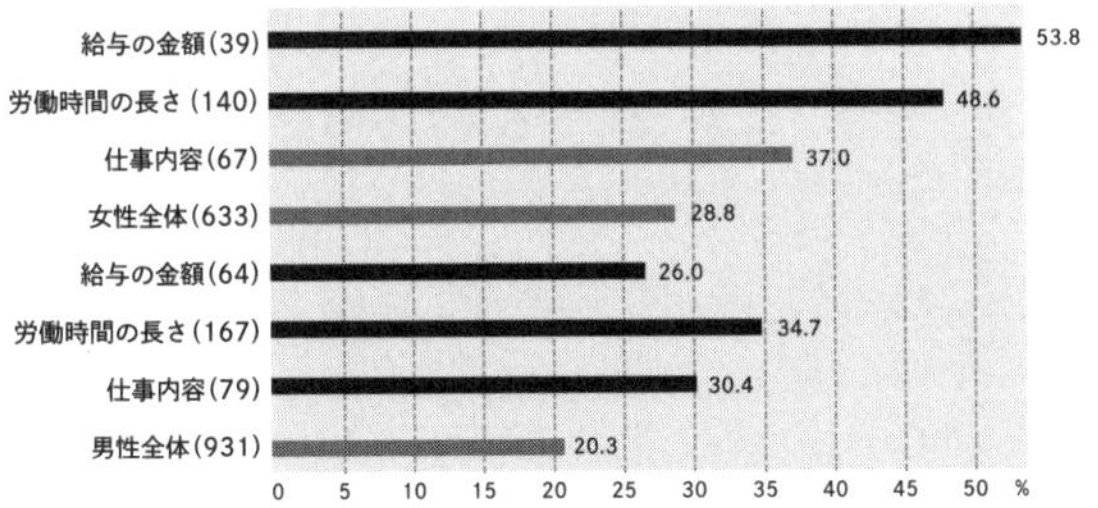

「採用前の情報と入職後3か月間の現実が一致しなかった人」の3年以内離職率
(単位：%、丸括弧内は人数)

出所：労働政策・研修機構 労働政策フォーラム(2023)

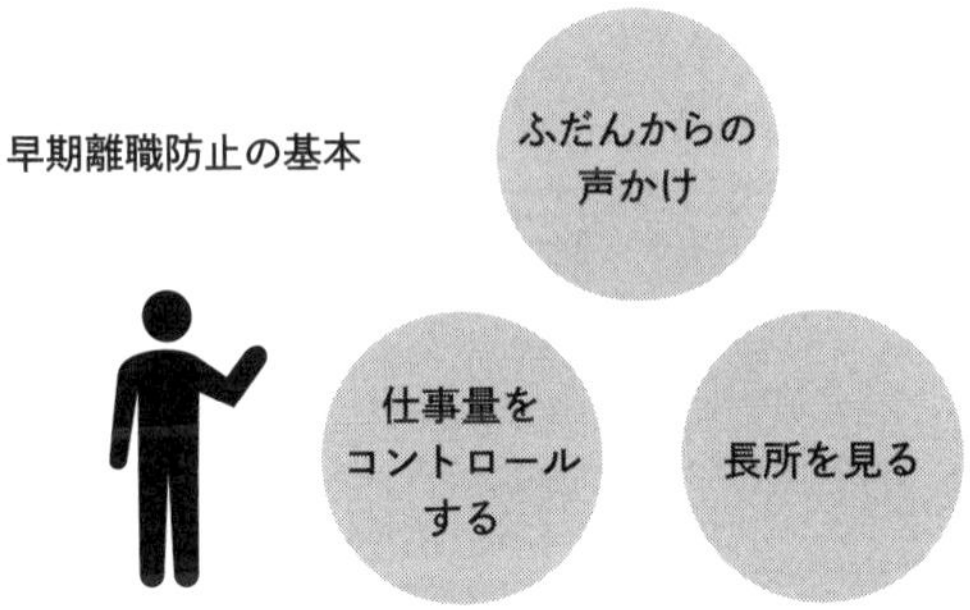

65
混成部隊をいかにまとめるか

少人数の会社はさまざまな雇用形態の社員が混在しているのがふつうです。同じチームに正社員、パート社員、嘱託社員、派遣社員、それに外国人実習生のメンバーがいたりします。今やチームリーダーはそれらのメンバーを動かし、まとめるのが当たり前になっています。

当然、自分より年上のメンバー、勤続も長いメンバー、仕事に熟練したベテランのメンバーもいます。

それらの人は「職位が上だから」だけでは動いてくれないでしょう。

あなたがチームリーダーに選ばれたのは、実務が一番できるわけでも、年輩だからでもなく、チームのなかで一番チームリーダー役に相応しかったからです。

チームリーダーはチームがすべきことを理解し、メンバーの誰が何をすべきかわかり、実践できる人です。

つまり、**「チームが成すべきことに向けてメンバーの力を最大限に発揮させる」という役割を任せるのに、候補者の中で一番適任だった**のです。

したがって、チームリーダーは何を言われようとも、その役割をコツコツやり通すことです。

メンバーは「職位」では動いてくれません。

「この仕事はあなたが適任」という自分の采配に、自信を持って説得することです。

成果が上がれば「信頼」を勝ち取れます。メンバーは、その「信頼」で動きます。

それまでが我慢です。

「信頼」があればメンバーの行動は変わる

チームはさまざまな働き方のメンバーで
構成されているのがふつう

チームリーダーは「チームが成すべきことに向けて、メンバーの力を最大限に発揮させる」ことに専念せよ

自信を持って采配せよ　誰が何をすべきか、あなたが一番理解している

↓

結果がついてくれば　コツコツ積み上げる

↓

「信頼」をもらえる　それまでが我慢

↓

メンバーは「信頼」で動く　チームづくり前進！

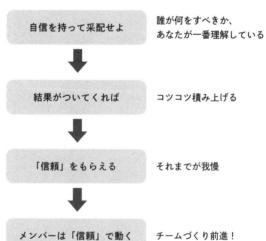

さまざまな雇用形態の社員は、スキル・レベルをはじめ、働く時間、働く動機や事情も異なります。チームリーダーからすれば、「あたまかずが揃っているだけ」というような愚痴をこぼしたくなる場合もあるでしょう。それでも、それをなんとかやり繰りして、それぞれの力を最大限に引き出すしかありません。

メンバーによっては気まぐれ、自分勝手でチームの目標などどこ吹く風くらいにしか思ってなかったりします。

それでも日本で働く人は、おおむね「仕事には真面目」です。

仕事で「無責任」「ちゃらんぽらん」と言われるのはとても嫌なのです。

したがって、自分の仕事はきちっとしようとします（さすがに、それすら持ってない人は相談するべきです）。

そういう人なら、「仕事の仕方の基本」を早く身につけさせることです。

とくに「指示の受け方」をできるようになってもらうことです。そうすれば、戦力としてカウントできます。

近年、短時間で早めに終業する人、家庭の事情で残業ができない人などが増えました。そういう人はミーティング等で事前に他のメンバーに伝えておきましょう。そうすることで職場のストレスが減ります。

最近は会社やチームのやり方をあまり押し付けすぎると、仕事が成り立たなくなってきました。

逆にメンバーの事情に仕事を合わせると、パフォーマンスは上がり、定着もよくなったりします。

会社と個人のバランスのすり合わせ、つまりやり繰りがチームリーダーの重要な仕事のひとつになっています。

チームははじめからあるのではなく、これから打てば響くような自分のチームをつくることができるのだと思えば、チームリーダーもしんどいだけでなく、なかなか面白い役割かと思います。

パートさんの活用例

パートさんに

- 長く働いてもらいたい
- 仕事をどんどん任せたい
- 熟練度は必要だがどちらかといえば定型業務

こういうニーズがあるなら

- パートさんの労働市場はどちらかといえばジョブ型
- 日本の働き手は皆仕事にはおおむね真面目
- パートさんはそれぞれに事情があり、働き方が一様でない

こういう特性を活かして

- 「仕事にパートさんを合わせる」のではなく「仕事をパートさんに合わせる」
- 働き方の異なるパートさんに合わせて仕事をアレンジできないか
- パートさんの来たい時間に来て仕事だけして帰ってもらう
- 急に休んでも構わないようにするなど

66 チームづくりは「信頼」づくり

この本では、上手なチームづくりのためのやるべきことやそのコツ、必要なツールを説明してきました。

ただし、チームリーダーが置かれている立場や状況はそれぞれに大きく異なるのが実情ですから、「切り口」は並べたものの、それほど具体的な内容までは踏み込んでいません。

したがって「ノウハウ」本というより「ヒント」の本と捉えてもらい、それぞれの実情に合わせてアレンジしてもらうことを前提としています。

この本に書いたチームリーダーがすべきこととは、**「チームをつくる」発想を持ち、チームの役割を確認し、メンバーの特性を知り、メンバーに仕事と課題を与える**とともに**仕事の仕方の基本を教え、マネジメントのツールを使って、仕事と人のやり**

このようなチームリーダーは「信頼」を失う

×
目標達成できなかったのは
〇〇君のミスのせいです
今回の成果はひとえに
私が頑張ったからです

困った時こそ、
「信頼」するメンバーが助けてくれる

いかなるときも
メンバーを信頼し、裏切らないこと！

繰りをしながら、チームの役割を達成するというものです。

けれども現実にはなかなかスムーズには行かず、壁にぶつかって立ち往生することも多いでしょう。

そのようなときにチームリーダーの支えとなるのは「信頼」によるメンバーとの関係です。

いかなるときもメンバーを「信頼」し、裏切らないことで、今度はメンバーが「信頼」という言葉を返してくれるはずです。

参考文献
① 岡田勝彦『企業経営に活かす人事制度策定マニュアル』日本法令・一九九九年
② 安藤俊介『アンガーマネジメント　叱り方の教科書』総合科学出版・二〇一七年
③ 伊藤守『コーチングの教科書』アスペクト・二〇一〇年

著者
黒川勇二（くろかわ・ゆうじ）
株式会社イーティパーソナルセンター代表取締役社長
昭和28年生まれ。武蔵野美術大学修士課程卒業。異色の賃金・人事コンサルタント。グループ会計事務所の顧問先における給与システム等への関与から賃金・人事の相談に関わるが、バブル期の人材不足を中心とする急激な「人」の問題の増加とともに平成3年に賃金・人事専門のコンサルティング会社、株式会社イーティパーソナルセンターを設立。また平成5年には、全国的な人事・労務の指導機関である日本人事総研グループの設立にも当初から関わり、加盟ののち現在に至る。特に大手企業とは異なる中小・中堅企業の実情に合った独自の視点による制度（しくみ）の策定と運用を中心とした、論理的な上にわかりやすくていねいな指導に業種、業態、規模を問わず多数の実績がある。また各商工会議所、銀行、工業会、ロータリークラブ、ライオンズクラブなどの講演活動および銀行等の刊行物の執筆に従事する。
著書に『わが輩はぜんまい仕掛けのトリケラトプス―会社の仕事と成果のはなし―』（文芸社）、『はじめての賃金管理100問100答』『はじめての人事考課100問100答』『やっぱり人事が大事！』『一人前社員の新ルール』『不安・苦手ゼロ！ 人を使うのが上手な人のリーダー（上司）のワザ』（以上、明日香出版社）などがある。

はじめてリーダーになったら必ず読む本

2023年 6 月24日 初版発行
2024年 9 月12日 第7刷発行

著者　黒川勇二
発行者　石野栄一
発行　明日香出版社
〒112-0005 東京都文京区水道2-11-5
電話 03-5395-7650
https://www.asuka-g.co.jp
装丁　山之口正和（OKIKATA）
組版・図版　石山沙蘭
印刷・製本　シナノ印刷株式会社

ISBN 978-4-7569-2276-2

対話に困ったら、本書もオススメ

話し方の
一流、二流、三流

嶋津良智・著

1600円（＋税）
2023年発行
ISBN 978-4-7569-2267-0

たった一言で相手の人生を変える
話し方の極意を手に入れる！

「話すのがニガテ」
「周りに何を言っても動いてくれない」
「上司・部下との話し方がわからない」
「家族と話すとすぐ喧嘩になってしまう」

こうした悩みの原因は、相手との信頼関係がうまく築けていないことにあることが少なくありません。
本書では、「感情コントロール」で心理的安全性をつくり、相手の自己肯定感を高める話し方を教えます。相手と信頼関係を築くことができるので、本音を引き出し、前向きな毎日を作ることができます。さらに心を動かす褒め方、叱り方で、相手のやる気を引き出し、周囲を巻き込み成果を出す話し方も身につきます。

進路に迷ったら、本書もオススメ

人脈もお金もゼロですが、社畜で生きるのはもう限界なので

「起業」のやり方を教えてください!

福山敦士/堀田孝之・著

1600円（＋税）
2023年発行
ISBN 978-4-7569-2274-8

「凡人のための起業術」をリアルにまるっと聞きました!

本書の著者は、連続起業家として次々と起業を成功させつつ、教育の現場でビジネスも教える立場である福山氏と、サラリーマンとして働きながら会社をやめたいと考える堀田氏がタッグを組み、物語風に展開されます。

堀田氏は、
・このまま歯車として働き続けても将来が不安…
・わずらわしい人間関係にうんざり…
・でも、会社をやめたら生活できない
という思いのもと、福山氏からさまざまなアドバイスを受けて成長していきます。起業の苦労や楽しさ、ビジネスの勘所はもちろん、お金のリアルや驚きの夢まで、率直な語りで打ち明けているため、これから起業する人は必ず参考になる内容です。

基本を見直すなら、本書もオススメ

絶対にミスをしない人の

仕事のスゴ技 BEST 100

鈴木真理子・著

1600円(＋税)
2023年発行
ISBN 978-4-7569-2269-4

ムダ激減で仕事はもっとラクになる！
この機会に自分の仕事ぶりを見直してみましょう。

「ミスをなくしたい！」は多くの仕事人の共通する欲求でしょう。
ミスなく仕事ができれば、ストレスは激減し、スピードも速く、生産性が高まります。でも、そう簡単に仕事のスキルは改善しないもの。

そこで本書では、「これだけできればだいたい完ぺき！」なレベルに達する「BEST100 の技」を集めて一挙紹介。読めば実践できる・行動が変わる本になるよう、実践法が一発でわかる図説を多用して「使える本」になるよう心がけました。

本書はよくあるミスから生活習慣や心の持ちようまでを幅広く網羅。また、各項目には「実践したい」「実践した」のチェックボックスを付けました。ぜひ本書を活用して、日々の仕事ぶりを見直してみましょう。